# Le guide des Bigs 4
## Comment décrocher une offre dans un Big 4

Yoan Jeusselin

Copyright © 2022 Yoan Jeusselin

Tous droits réservés.

ISBN : 9798422974405

# TABLE DES MATIÈRES

|     | Introduction | p.1 |
| --- | --- | --- |
| 1   | Comprendre qui sont les Bigs 4 | p.7 |
| 2   | Comprendre pourquoi est-ce bénéfique de travailler dans un Big 4 | p.13 |
| 3   | Savoir à quoi ressemble le candidat idéal d'un Big 4 | p.19 |
| 4   | Choisir la bonne formation | p.25 |
| 5   | Décider de sa spécialité / son secteur | p.33 |
| 6   | Créer un réseau pour développer des relations | p.45 |
| 7   | Rédiger un CV qui fonctionne | p.59 |
| 8   | Comment réussir ses entretiens | p.67 |
| 9   | Choisir le bon cabinet | p.83 |
| 10  | Réussir ses premiers mois dans le cabinet | p.89 |
|     | Bonus | p.97 |

# INTRODUCTION

Je me suis assis dans mon salon, le regard incrédule. Je ne pouvais pas croire ce que je tenais dans mes mains. Pendant des années, j'ai rêvé de ce morceau de papier et maintenant il était là. Je venais de recevoir le ticket d'or pour débuter ma carrière dans un cabinet du Big 4. J'ai reçu 4 offres dans la même semaine. Les longues heures d'étude, la préparation aux entretiens, le stage ; tout cela avait porté ses fruits. C'était en effet un des meilleurs moments de ma vie et j'étais prêt à signer pour pouvoir rejoindre les rangs des cabinets les plus prestigieux du monde.

Vous rêvez de travailler chez Deloitte, EY, KPMG, PwC ou Mazars[1] ? Vous avez travaillé d'arrache-pied ces dernières années dans l'espoir d'obtenir une offre de la part des Big 4 ? Vous voulez un emploi qui lancera votre carrière dès le premier jour ?

Si c'est le cas, alors ce livre est pour vous.

Je suis le premier à admettre que décrocher un stage ou un emploi à temps plein chez Deloitte, EY, KPMG, PwC et Mazars (les quatre grands cabinets et Mazars en France) est un travail difficile, qui ne se fait pas du jour au lendemain. Il faut avoir de bonnes notes, de solides compétences en matière de leadership et une certaine force intérieure pour aller au-delà de sa zone de confort.
Vous pouvez très bien être un candidat idéal pour les Big 4, mais ne pas recevoir d'offre d'emploi parce que vous n'avez pas su vous

---

[1] Les Bigs 4 dans le monde sont : Deloitte, EY, PwC et KPMG. En France, on considère souvent Mazars faisant partie des bigs car il a une très forte présence sur le marché français.

vendre lors de l'entretien. Ou vous pourriez avoir les qualités requises pour travailler au sein d'un Big, mais ne pas avoir les capacités de leadership nécessaires pour réussir au sein de ce dernier. Ou encore, vous savez que vous pourriez réussir les entretiens si seulement vous pouviez passer la première étape de sélection du CV ou les évènements campus du cabinet.

C'est dans cet esprit que j'ai créé Le Guide des Big 4, pour les auditeurs et consultants en herbe, qu'ils soient à l'université, au lycée ou ailleurs, qui rêvent de travailler chez Deloitte, EY, KPMG, PwC ou Mazars. L'objectif de ce livre est de faciliter et de rendre moins stressant le processus d'obtention d'une offre dans les Big 4.

Sur la base de mes années d'expérience, je vous offrirai des astuces et des conseils sur la manière de décrocher un emploi dans le secteur de l'audit et du consulting dans un Big.

Mais avant de continuer, laissez-moi vous parler un peu de mon expérience au sein d'un Big 4.

J'ai participé trois fois au processus de recrutement des Big 4, une fois lorsque j'étais étudiant en Erasmus à l'université de Reading, au Royaume-Uni, en Master 1, une autre fois en tant qu'étudiant en Master 2 à l'université Paris Dauphine et une troisième fois lors de mon passage en Transaction Services. Ma première tentative pour obtenir un stage chez l'un des Big 4 ne s'est malheureusement pas très bien passée. Heureusement, je me suis ressaisi lors de ma deuxième partie de césure et j'ai obtenu un stage d'audit dans l'un des grands cabinets. J'ai dû aller à l'autre bout de la France pour effectuer ce stage. Il s'agissait du seul cabinet m'ayant donné l'opportunité de travailler pour eux à cette époque, et j'en fus très heureux puisque c'était exactement ce que je cherchais. J'intègre Mazars à Grenoble.

Le stage d'audit s'est très bien passé pour moi. J'ai obtenu d'excellentes évaluations de la part de mon manager et j'ai même reçu la note la plus élevée qu'un stagiaire puisse recevoir lors d'une évaluation. Je suis toujours en contact avec une partie de mes anciens collègues.

Grâce à ces efforts et sacrifices, j'ai pu acquérir une première expérience en audit qui m'a notamment aidé à intégrer un prestigieux Master 2 en Finance à Paris. Ces deux expériences combinées m'ont donné un solide bagage pour postuler chez les Big 4 et ainsi obtenir un second stage, cette fois-ci de fin d'études et en conseil. Ce stage, suite à ma performance, s'est transformé en CDI dans le même Big.

Habituellement, les entrées en cabinet se font fin septembre, mais j'ai demandé à commencer en juillet et posé 3 semaines de congé sans solde en août pour mes vacances pour obtenir le DSCG. J'ai passé l'été à étudier en arrivant à 7h15 au cabinet pour réviser avant la journée. Finalement, j'ai passé 6 UE sur les 7 la première année et ainsi commencer le DEC (Diplôme d'Expertise Comptable). En effet, il faut valider (avoir plus de 10) 4 UEs pour pouvoir commencer le DEC. Vous avez ensuite 2 ans pour terminer le DSCG. De mon côté, j'ai obtenu le DSCG au bout de ma deuxième année en passant la dernière UE (le droit).

Lorsque j'étais employé par un Big 4, j'ai travaillé pendant plus de deux ans en tant que consultant (2/3 de mon temps) et auditeur (1/3 de mon temps). J'ai gravi les échelons, passant de Junior à Senior 2 en 2 ans et demi. En fait, j'ai effectué un passage anticipé (ou jump) en ayant une année d'avance.

[Légère digression afin d'apporter plus de précision sur les grades : Généralement la pyramide se compose ainsi : Stagiaire > Junior 1 > Junior 2 > Senior 1 > Senior 2 > Senior 3 > Manager (X années) > Senior Manager (X années) > Directeur (X années)> Associé (X année)> Associé equity. Avant Manager, le principe est d'augmenter de grade chaque année. Ensuite à partir de Manager c'est légèrement plus subjectif et le passage au grade supérieur peut prendre plusieurs années.]

Aujourd'hui, je me suis fixé comme priorité de partager avec vous toutes les leçons que j'ai apprises tout au long de mon parcours dans les Big 4. Durant toutes ces années, j'ai eu la chance d'effectuer le recrutement des stagiaires et juniors, d'échanger avec des recruteurs et des associés. Cela m'a permis de comprendre ce qu'ils attendaient d'un auditeur/consultant junior.

Mon objectif est de vous faire découvrir les précieux secrets que j'ai appris et utilisés au cours de ma carrière pour devenir un employé sur lequel on peut compter dans l'un des meilleurs cabinets du monde. Armé de ces connaissances, je suis persuadé que vous pouvez non seulement obtenir l'emploi dont vous rêvez, mais aussi surpasser le reste de vos collègues et devenir le premier de votre promotion.

Au fil de votre lecture, Le Guide des Big 4 répondra aux questions suivantes :

**Vous ne savez pas comment fonctionne le processus de recrutement ?** Je vais vous guider à travers chaque étape du processus de recrutement des Big 4, en commençant par l'étape 7.

**Vous craignez que votre moyenne vous élimine automatiquement de la sélection ?** Vous allez adorer mes idées sur la façon de surmonter ce problème dans l'étape 3.

**Vous voulez dominer l'entretien ou les évènements networking sur votre campus ?** Prenez une longueur d'avance sur vos camarades grâce à mes exemples de réponses aux questions d'entretiens à l'étape 8.

**Vous ne savez pas comment vous comporter durant les évènements de networking ?** Découvrez à l'étape 6 comment j'ai surmonté cette peur et convaincu les entreprises que je possédais les compétences humaines nécessaires pour le poste.

**Vous n'arrivez pas à vous décider entre l'audit et le conseil ?** Le choix peut être difficile. J'y ai moi-même été confronté. Mes réflexions à l'étape 5 vous aideront à déterminer ce qui est le mieux pour vous. J'aurais aimé mieux les connaître quand j'étais à l'école.

**Vous avez déjà décroché un stage dans un Big 4 ?** Génial ! Maintenant, devenez un stagiaire star avec mes conseils pour les stagiaires à l'étape 10.

**Vous n'êtes toujours pas certain qu'un cabinet d'audit et de conseil de type "Big 4" soit le bon choix de carrière pour vous ?** Rendez-vous à l'étape 2 pour connaître ce que signifie travailler pour un Big 4 pour votre carrière.

**Vous craignez que le nom de votre école actuelle fasse déjà échouer votre candidature ?** Ne vous inquiétez pas. Ce n'est pas le cas, et je vais vous dire pourquoi dans l'étape 4.

**Vous n'arrivez pas à décider avec quel cabinet vous allez signer ?** À l'étape 1 et 9, je vous aide à déterminer le cabinet qui vous conviendra le mieux.

**Vous souhaitez connaître quelle école viser pour mettre toutes les chances de votre côté ?** Rendez-vous à l'étape 4 où vous trouverez les critères que j'ai utilisés pour déterminer l'école qui me donnait les meilleures chances de décrocher un poste dans les plus grands cabinets internationaux.

Si l'un de ces éléments s'applique pour vous ou si vous souhaitez simplement ajouter ces précieux secrets à vos méthodes actuelles, poursuivez votre lecture et vous serez encore plus proche de réaliser votre objectif de décrocher un emploi dans un Big 4.

Le "Guide des Big 4" est divisé en 10 étapes qui vous seront faciles à suivre. L'ordre de ces étapes a été conçu pour vous apprendre d'abord qui sont les quatre grands cabinets et à quoi ressemble l'employé idéal. Ensuite, vous découvrirez les étapes à suivre pour devenir le candidat idéal d'un Big 4. Chaque élément du processus est vital et ne doit pas être négligé.

À la fin de ce livre, je suis convaincu que vous aurez mis en place un plan d'action solide qui convaincra les cabinets que vous êtes une personne qu'elles doivent absolument engager

**Quelques suggestions sur la façon de bénéficier au maximum de ce guide :**

Si je devais ne donner qu'une seule suggestion pour bénéficier au mieux de ce guide, il y a un prérequis, bien plus essentiel que tous les autres :
- Une profonde envie d'apprendre, une détermination extrême pour obtenir une offre dans un Big 4. Sans cela, ce livre vous aidera beaucoup moins que prévu.
- Arrêtez-vous fréquemment durant la lecture et pensez à ce que vous venez de lire. Demandez-vous comment et quand vous pouvez appliquer les recommandations.
- Si vous souhaitez réellement apprendre et augmenter vos chances de réussir, appliquez les suggestions dès que vous pouvez. Vous allez sûrement penser que certaines suggestions sont difficiles à mettre en place. J'en suis conscient. Par exemple, de prendre le

temps d'écrire un mot de remerciement à chacune des personnes que vous avez rencontré.

- Relisez ce livre tout au long de votre processus de recherche et de recrutement. C'est important si vous souhaitez le rentabiliser.

# ÉTAPE 1
## COMPRENDRE QUI SONT LES BIGS 4

Avant de vous donner des conseils sur la manière d'obtenir une offre dans un Big 4, il est important que vous compreniez qui sont les Big et l'histoire des principaux cabinets comptables internationaux dans le monde. Pendant la majeure partie du vingtième siècle, le monde de la comptabilité était dominé par huit grands cabinets. Cependant, en 1989 plusieurs cabinets ont fusionné pour créer Ernst & Young et Deloitte & Touche, ce qui nous a laissés avec six grands acteurs sur la marche de la comptabilité. En 1998, Price Waterhouse a fusionné avec Coopers and Lybrand pour former l'entité d'aujourd'hui, PricewaterhouseCoopers (PwC). Enfin, en 2002, Arthur Andersen a été contraint de fermer boutique à la suite des retombées du scandale Enron. Par conséquent, nous nous retrouvons avec les 4 grands cabinets comptables suivants : Deloitte Touche Tohmatsu (DTT), PricewaterhouseCoopers (PwC), KPMG et Ernst & Young (EY).

Ces cabinets fournissent des services à des clients dans presque toutes les grandes villes du monde et dans la majorité des pays. Par conséquent, leur impact sur le paysage financier est inégalable. En outre, les entreprises du CAC40, les grandes institutions gouvernementales et financières de premier ordre font confiance à ces cabinets pour leur fournir des services d'audit et de conseil de grande qualité. Avec l'aide de ces cabinets, les grandes entreprises sont mieux à même d'établir un sentiment de confiance auprès des tiers (investisseurs, public, etc.) quant à l'exactitude et l'impartialité de leurs états financiers.

Si les quatre cabinets offrent des services similaires à leurs clients, chacun d'entre eux a sa propre personnalité, en grande partie grâce à son histoire et aux personnes qui y travaillent. Vous trouverez ci-dessous un aperçu de l'histoire et des convictions de chaque cabinet.

### Deloitte

Ce cabinet a vu le jour en 1849 lorsque William Welch Deloitte a ouvert son bureau de comptabilité à Londres. Il a ensuite été rejoint par George Touche. Plusieurs autres partenaires sont venus et repartis au cours des années 1900, à mesure que la société s'étendait aux États-Unis et à d'autres pays du monde. L'amiral Nobuzo Tohmatsu, originaire du Japon, est devenu associé en 1968. En 1998, le nom international est devenu Deloitte Touche Tohmatsu, et le cabinet a conservé ce nom ainsi que sa portée internationale.

Deloitte est structuré de telle sorte qu'il compte de nombreux cabinets membres dans le monde entier, chacun ayant ses propres spécialités et personnalités. En France, le cabinet fait affaire principalement avec le nom Deloitte & Associés et fournit à ses clients des services d'audits, d'assurance, de conseil, de fiscalité et de conseil financier ou stratégique. La stratégie actuelle de Deloitte est de se recentrer sur des clients importants en tailles et en CA, c'est notamment pour cela que Deloitte à vendu l'entité dédiée à l'expertise comptable In Extenso en 2019.

### EY

EY (anciennement Ernst & Young) a vu le jour au début du vingtième siècle, lorsque le cabinet Ernst and Ernst a été créé à Cleveland, dans l'Ohio, par le comptable Alwin C. Ernst. Peu après, le comptable Arthur Young a créé avec son frère, en 1906, un cabinet d'expertise comptable à Chicago, appelé Arthur Young and Company. Le cabinet tel qu'il est composé aujourd'hui a été créé en 1989 lorsque Ernst and Whinney a fusionné avec Arthur Young.

Aujourd'hui, Ernst & Young s'efforce de fournir à ses clients un service qui s'étend au-delà des frontières et qui est un haut niveau de qualité. Par conséquent, EY est organisé en régions mondiales qui permettent au cabinet de créer des équipes de spécialistes pour travailler avec ses clients multinationaux.

### KPMG

KPMG International Cooperative est un cabinet international qui a été créé en 1987 lorsque Peat Marwick International a fusionné avec Main Goerdeler pour créer Klynveld, Peat, Marwick, Goerdeler.

Le cabinet fournit des services à l'échelle mondiale dans les trois domaines traditionnels de la comptabilité que sont la fiscalité, l'audit et le conseil. Le cabinet s'efforce de fournir des experts professionnels qui peuvent se consacrer à aider leurs clients à résoudre des problèmes financiers complexes. KPMG a en France une présence beaucoup plus régionale (départementale) sur des plus petites entités.

### PricewaterhouseCoopers

PricewaterhouseCoopers (PwC) a été créé en 1998 lorsque les cabinets existants de Price Waterhouse et Coopers & Lybrand ont fusionné. Chacune de ces sociétés remonte au milieu des années 1800, avec des bureaux à Londres. PwC élargit les services traditionnels de fiscalité, d'audit et de conseil pour inclure l'assurance, les ressources humaines, les transactions, l'amélioration des performances et la gestion de crise.

Le cabinet est mondial et la branche française s'appelle PricewaterhouseCoopers France et Maghreb. Comme les autres cabinets, PwC offre des solutions globales en Audit et Conseil financiers.

Au fur et à mesure que vous avancez dans le processus de recrutement, je vous encourage à examiner de plus près chacune de ces entreprises pour en savoir plus sur leur histoire et leurs services. À travers ce chapitre je vous ai simplement fourni un synopsis de chacune d'entre elles pour vous permettre de comprendre les quatre acteurs sur lesquels se concentre ce livre.

# ÉTAPE 2
# COMPRENDRE POURQUOI EST-CE BÉNÉFIQUE DE TRAVAILLER DANS UN BIG 4

## L'un des meilleurs endroits pour lancer une carrière

Il est important que vous compreniez la valeur d'un emploi chez Deloitte, EY, KPMG ou PwC. Travailler au sein d'un Big 4 assure une carrière prestigieuse avec énormément d'avantages. Vous serez extrêmement sollicité sur le marché de l'emploi par des chasseurs de têtes. La raison pour laquelle un emploi dans l'un de ces cabinets est si prestigieux est la clientèle que vous accompagnez, les connaissances que vous acquerrez dans le cadre de votre travail et la formation approfondie et exigeante que vous recevez. C'est un réel avantage sur votre CV.

## Exposition à des problématiques complexes

L'exposition qu'un employé reçoit au début et tout au long de sa carrière est inégalée. Dès le premier jour, on vous demandera de participer à des projets qui comportent des questions comptables et financières complexes que l'on ne trouve pas forcément et aussi régulièrement que dans les autres cabinets du marché. En outre, chaque cabinet confie à ses employés le soin d'interagir et de travailler en étroite collaboration avec les clients au quotidien.

En tant que stagiaire et junior, j'ai eu l'occasion de rencontrer individuellement des employés d'une société du CAC40 ou d'une start-up devenu licorne (valorisée plus de 1 md €). Vous ne trouverez ces précieuses opportunités nulle part ailleurs.

## Des clients de premier plan et des secteurs d'activité qui varient

Les clients que vous servez au sein d'un Big 4 comprennent certaines des entreprises les plus connues au monde. Si vous regardez la liste des entreprises du CAC40 ou du SBF120, vous constaterez que presque toutes font affaire avec un Big 4, que ce soit dans le domaine de l'audit, de la fiscalité ou d'autres activités de conseil. Chaque bureau des Big 4 vous donne l'occasion de travailler avec les plus grandes entreprises. Cette interaction de premier ordre avec les clients est inégalée dans le secteur.

Outre les clients connus et de premiers plans, un cabinet Big 4 vous offre également la possibilité de travailler dans des secteurs variés. Vous ne savez peut-être pas encore quel secteur vous intéresse vraiment et généralement les Big 4 permettent de tester plusieurs secteurs en début de carrière.

Au cours de mes deux premières années au sein du cabinet, j'ai travaillé sur des missions dans les secteurs suivants : commerce de détail, logiciels (SaaS), services de distribution et technologie, BTP, régie publicitaire et média. Être exposé à une telle variété de secteurs, permet de prendre une décision éclairée sur le secteur dans lequel on souhaite se spécialiser (ou non) pour la suite de sa carrière. Vous choisirez généralement au départ un grand secteur comme l'industrie ou la banque. Ensuite, la spécialisation se fait petit à petit selon vos souhaits et les dossiers.

### Travaillez avec les meilleurs talents

Un autre avantage de travailler dans un cabinet Big 4 est la possibilité de travailler et d'interagir avec les employés du cabinet ; qui sont généralement les personnes les plus brillantes dans leur secteur. Comme les Big 4 travaillent avec les meilleurs clients du monde, ils ne recrutent et n'engagent que les meilleurs des meilleurs. Ainsi, lorsque vous arrivez le premier jour, vous pouvez être sûr que vous travaillerez au quotidien avec des collègues brillants.

Chaque jour, chez un client Big 4, vous serez en contact avec des questions complexes que vous ne comprendrez peut-être pas. C'est là qu'il est utile de travailler avec une excellente équipe. Lorsque ces problèmes surviennent, il est très avantageux de pouvoir consulter les autres membres de l'équipe pour trouver une solution. Si le problème ne peut être résolu par l'équipe, il est facile de faire appel à un expert du cabinet qui connaît bien le problème. Cette étendue de connaissances permet d'apprendre à une vitesse importante et il est difficile de trouver une telle étendue de connaissances et d'expertise dans d'autres cabinets.

### Formation approfondie

Pendant votre séjour dans un cabinet du Big 4, vous recevrez une formation approfondie afin d'améliorer votre niveau d'expertise et de vous tenir au courant des questions qui touchent le secteur. En raison de la taille de chacun d'entre eux, les cabinets sont en mesure de fournir constamment à leurs employés une formation interne de haut niveau. Vous serez formé en début de carrière aux aspects techniques du métier puis au fur et à mesure aux aspects managériaux.

Tout au long de l'année, des webcasts et des newsletters spécifiques à votre secteur d'activité vous permettront de vous tenir au courant des sujets importants lies à vos clients. De plus, vous assisterez à des séminaires ou formations annuelles pour vous assurer que vous êtes bien préparé à relever les défis que vous rencontrerez à chaque niveau de votre carrière.

Au fur et à mesure de votre progression, on attendra de vous que vous deveniez un expert et un leader dans l'industrie que vous servez ou dans votre spécialité. À ce titre, l'entreprise vous aidera à établir des jalons dans votre carrière pour atteindre les niveaux d'expertise appropriés. Vous aurez également un mentor que vous pourrez consulter pour vous assurer que vous faites les bons choix dans votre carrière. L'utilisation de ces ressources est essentielle pour réussir une carrière au sein des Big 4.

# ÉTAPE 3
# SAVOIR A QUOI RESSEMBLE LE CANDIDAT IDEAL D'UN BIG 4

Comme je l'ai dit plus haut, les cabinets internationaux sont fiers d'avoir les meilleurs employés. Cependant, avant de commencer à vous faire connaître auprès de ces entreprises, il est important que vous compreniez ce qu'elles recherchent chez le candidat idéal.

### Des compétences minimums à avoir. Des basiques

L'une des premières choses qu'un cabinet Big 4 examine chez un candidat est la cohérence de sa candidature. Pour la plupart de ses candidats, un cabinet exigera des basiques en termes de compétences techniques. En Audit, il faudra par exemple savoir comment passer des écritures comptables de fins d'année (PCA, CCA, FNP...). Les compétences, suivant le poste, sont testées en étude de cas. Cela permet notamment de comprendre comment vous réfléchissez lorsque vous faites face à un problème.

### Avoir une école cible

Les cabinets utilisent également des critères d'écoles et de masters cibles. Il s'agit d'un « baromètre » pour les candidats, car avoir intégré telle école ou tel master montre que le candidat s'est soucié de ses notes (car c'est généralement plus compliqué d'entrer dans les écoles cibles) et qu'il possède une discipline suffisante pour répondre aux exigences requises pour travailler dans un Big 4.

Mais il peut y avoir des exceptions à cette norme d'école cible. Par exemple, actuellement, les cabinets cherchent à recruter massivement et les portes sont plus ouvertes. Soulignez au cours du processus de recrutement que vous possédez les compétences supplémentaires énumérées ci-dessous pour renforcer votre candidature.

### Solides compétences en matière de leadership

Pour être pris en considération par les Big 4, un candidat doit montrer qu'il est capable d'être un leader solide. Ces cabinets demandent à leurs employés de diriger des équipes à un stade précoce de leur carrière et il est important pour eux de savoir que vous êtes capable d'entreprendre une telle tâche.

Les exemples de leadership des candidats typiques sont les suivants : président ou autre poste au sein du corps étudiant ou d'un club ; diriger un groupe d'étudiants dans le cadre d'une action caritative ; faire du bénévolat ; organiser une équipe dans votre ville ; ou diriger un projet de groupe pour la classe. La liste est longue. Ce qu'il est important de souligner, c'est que vous ne craigniez pas de prendre l'initiative de diriger un groupe de personnes pour réaliser un effort collectif.

### Solides compétences en communication

Comme vous serez régulièrement en contact avec les clients, les entreprises recherchent des candidats capables de s'exprimer de manière professionnelle. Votre façon de parler, votre vocabulaire, l'argot que vous utilisez et votre langage corporel sont autant d'éléments qui contribuent à créer une impression, bonne ou mauvaise. Le candidat idéal doit donc être capable de parler et d'interagir avec les autres de manière professionnelle.

Une bonne communication ne se limite pas à l'interaction avec le client, mais s'étend également à votre interaction avec les autres membres de l'équipe. Êtes-vous capable de leur parler de manière respectueuse ? Êtes-vous capable d'expliquer la réponse à une question qu'un jeune membre de votre équipe pourrait se poser ? Pouvez-vous fournir un feedback approprié aux autres membres de votre équipe ? Pouvez-vous formuler votre question à votre responsable ou à votre partenaire ? Tous ces exemples sont des domaines dans lesquels une communication forte est nécessaire.

Enfin, la communication comprend également votre capacité à écrire efficacement. Vous seriez surpris de la quantité d'écrits qu'implique un emploi dans le secteur de la finance. Par exemple, en tant qu'auditeur, vous êtes constamment en train de créer des mémos et des documents de travail qui décrivent le travail que vous allez effectuer ou que vous avez effectué.

De plus, il ne faut pas oublier qu'une grande partie de notre communication se fait aujourd'hui par e-mail. Il est donc important de prouver aux entreprises que vous pouvez rédiger un e-mail professionnel qui peut être envoyé à un client. Des jeux de rôles sont de plus en plus présents dans les processus de recrutement afin de tester la communication des candidats.

Finalement, il ne faut pas oublier que la communication passe également par la manière de vous présenter. Si vous êtes un homme, le costume est de rigueur et je conseille fortement la cravate. Il vaut mieux être trop habillé que pas assez. Pour une femme, le tailleur n'est pas forcément prérequis, mais un style formel est également exigé.

## Un joueur d'équipe

Quelle que soit la spécialité que vous avez choisie, vous serez amenés à travailler quotidiennement avec d'autres personnes au sein d'une équipe. C'est pourquoi les entreprises voudront savoir comment vous interagissez avec les autres.

Cela ne signifie pas que vous devez être une personnalité extravertie et être le centre d'attention dans un cadre social. Cela implique plutôt que vous êtes capable de vous mêler à d'autres types de personnes et de travailler avec d'autres personnes pour atteindre un objectif commun. Les questions importantes vous concernant en tant que membre d'une équipe sont les suivantes :

— Traitez-vous les autres membres de l'équipe avec respect ?
— Blâmez-vous les autres pour vos erreurs ?
— Aidez-vous les autres quand ils en ont besoin ?
— Êtes-vous prêt à prendre le relais quand il le faut ?
— Vous plaignez-vous souvent ?

Ce sont tous des éléments que les recruteurs essaieront de déterminer chez vous au cours de l'entretien. En fin de compte, il est essentiel de bien travailler avec les autres dans n'importe quel emploi, mais particulièrement dans un cabinet Big 4, car vous travaillerez de longues heures et serez soumis à un stress important. Il est donc vital que vous soyez capable de vous intégrer et de devenir un atout pour votre équipe. Les équipes changent constamment, il faut donc avoir une capacité d'adaptation élevée.

## Résolution des conflits

La façon dont vous gérez les conflits est une autre qualité importante que les cabinets des Big 4 recherchent chez les candidats. Souvent, au cours de l'entretien, on vous demandera de décrire un moment où vous avez été confronté à un conflit et comment vous l'avez géré. Les cabinets soulignent cette qualité dans le processus d'entretien, car elle les aide à comprendre si vous êtes capable de gérer les problèmes difficiles et inattendus qui surviennent dans le cadre de vos missions. Lorsque vous traitez avec des clients, de nombreuses situations se présentent dans lesquelles vous êtes en désaccord. Lorsque cela se produit, les entreprises veulent savoir si vous êtes capable de trouver un compromis de manière respectueuse. En entretien, pouvoir démontrer aux recruteurs que vous savez gérer ce genre de situation en donnant quelques exemples est un gros plus.

### Connaissances de l'entreprise

Cela peut paraître simple, mais les recruteurs veulent savoir si vous connaissez bien leur cabinet. Un examen rapide de leur site web est le moyen le plus simple d'y parvenir, mais la plupart ne s'en donnent pas la peine. Certains pensent que les Big 4 sont similaires les uns aux autres, et qu'il importe peu de savoir lequel vous embauche, tant que l'un d'entre eux vous fait une offre. Ce n'est pas le cas. Chaque cabinet a sa propre personnalité, ses propres intérêts et sa propre mentalité. Lisez leur site web pour vous familiariser avec chaque cabinet dans un premier temps. Ensuite, contactez des personnes qui sont passées ou qui travaillent toujours dans le cabinet (LinkedIn est l'un des meilleurs moyens pour prendre contact).

### Un bon « fit »

Au cours du processus de recrutement, une entreprise recherche également des indices qui montrent que vous convenez à la culture de l'entreprise. Même s'il peut sembler que les employés de chaque Big 4 sont les mêmes, il est important de comprendre que des différences subtiles de personnalité existent dans chaque entreprise. Certains candidats peuvent s'adapter parfaitement à une entreprise et moins bien à une autre. Il est important d'en prendre conscience au cours du processus de recrutement et vous adapter à chaque cabinet.

En fin de compte, l'entreprise vous examinera et vous évaluera sur la base de toutes ces qualifications. Si vous ressentez une faiblesse dans l'un de ces domaines, travaillez avant le processus de recrutement. Vous pouvez également mettre en avant vos points forts qui peuvent être une manière de gommer certains points faibles.

# ÉTAPE 4
CHOISIR LA BONNE FORMATION

L'école que vous choisissez de suivre pour vos diplômes joue un rôle dans votre capacité à décrocher un emploi dans un Big 4. Si vous fréquentez une université où les cabinets des Big 4 recrutent souvent, il vous sera plus facile d'obtenir un entretien. Dans cette optique, je vous ai présenté quelques questions importantes à prendre en considération lorsque vous décidez de l'université à fréquenter. Toutes sont importantes à garder à l'esprit lors de l'évaluation de vos choix d'écoles.

### Les Big 4 recrutent-ils dans votre école ?

Si votre objectif est de trouver un poste dans l'un des Big 4, vous augmentez vos chances si vous fréquentez une école où ils recrutent activement. Heureusement, les cabinets recrutent dans tous les types d'écoles, des grandes écoles publiques aux petites écoles privées. La plupart du temps, les cabinets recrutent principalement dans les écoles proches de leurs bureaux. Mais comme il y a au moins un cabinet Big 4 dans chaque grande ville, la probabilité qu'il recrute dans votre université est élevée.

Par exemple, le bureau de Rennes va se concentrer sur les écoles de Bretagne. Les bureaux parisiens en revanche ciblent toute la France. Les bureaux de Lille, se concentrent sur les écoles du Nord de la France.

Si vous n'avez pas encore décidé de l'université ou de l'école supérieure que vous allez fréquenter, je vous recommanderais d'entrer en contact avec le directeur des masters de l'école pour savoir si les Big 4 recrutent activement dans cette école. Vous pouvez également chercher les anciens élèves sur LinkedIn et regarder leur premier emploi.

Si vous êtes dans une école et que vous êtes certain que les Big 4 ne viennent pas dans votre établissement pour recruter, il existe des moyens de vous faire remarquer. Voici mes suggestions :

**Utilisez toutes les connexions (réseau) que vous avez** : connaissez-vous quelqu'un qui travaille actuellement pour un Big 4 ? Si oui, essayez d'entrer en contact avec lui d'une manière ou d'une autre. Envoyez-lui un message pour lui faire part de votre intérêt. Proposez-lui de l'inviter à déjeuner ou de lui offrir un café.

**Utilisez LinkedIn :** regardez vos connexions et voyez qui pourrait déjà connaître des gens dans un Big 4. Demandez-leur de vous présenter à eux.

**Assistez à un salon/journée d'une autre école :** y a-t-il une université à proximité où les Big 4 recrutent ? Si c'est le cas, renseignez-vous sur la date de leur journée d'orientation afin de pouvoir y assister. Lorsque j'étais sur les campus pour recruter, j'ai déjà rencontré des étudiants venant d'autre école et j'étais impressionné de rencontrer une personne ayant pris ce genre d'initiative pour se présenter. Cela montre de la motivation.

### Avez-vous la possibilité de faire un stage dans un Big 4 pendant l'année scolaire ?

La haute saison « Busy season » des auditeurs s'étend de janvier à avril. Pendant cette période, les cabinets engagent des stagiaires pour les aider à réaliser des projets pour leurs clients et leur donner une idée de ce qu'est le travail dans ce secteur. Le fait de travailler en tant que stagiaire pendant cette période est très utile pour les étudiants, car la plupart d'entre eux peuvent découvrir ce qu'est réellement le travail d'auditeur ou consultant dans un Big 4. Généralement, la partie conseil est plus calme en début d'année du fait des audits.

Pour cette raison, je crois qu'il est utile de s'inscrire dans une formation qui permet aux étudiants de faire un stage pendant cette période, même si elle a lieu pendant l'année scolaire. Heureusement, la plupart des universités ont adopté un calendrier scolaire qui permet aux étudiants en comptabilité/finance d'effectuer un stage au printemps. Dans la plupart des programmes, les étudiants effectuent leur stage à cette période et retournent à l'école peu de temps après la fin de leur stage.

### Combien d'étudiants sont inscrits dans votre formation ?

Il est beaucoup plus facile de se distinguer dans une petite foule que dans une grande. Vous pouvez augmenter vos chances d'être remarqué par les Big 4 si vous fréquentez une petite école ou les Big 4 recrutent. Cela peut être particulièrement bénéfique pour les candidats qui ont du mal à se distinguer parmi les autres. Pour eux, il sera beaucoup plus facile de se faire remarquer lors d'un événement de recrutement plus intime et comprenant moins d'étudiants.

Il existe littéralement des centaines d'écoles proposant des programmes de comptabilité ou de finance. Le travail pour choisir celle qui vous convient le mieux peut être décourageant.
Voici quelques pistes pour vous aider à chercher :

– Université Paris Dauphine (les masters en finance. Exemple : Master 229 – Audit & Financial Advisory ou Master 225)

– Grandes écoles de commerce (Top 10)

– Master CCA – généralement, les CCA constituent une source de recrutement importante pour les cabinets en région.

Afin de vous éclairer sur ce processus de décision, je vais vous expliquer brièvement comment j'ai choisi mon parcours scolaire via les écoles que j'ai fréquentées de la 1$^{re}$ année d'études supérieures jusqu'à la dernière. J'ai commencé par un BTS comptabilité à Saint-Brieuc où je ne travaillais pas forcément et n'ai pas réussi à atteindre de bons résultats. J'ai eu une moyenne de tout juste 10 et la responsable du diplôme m'a dit avant de partir « si un jour on m'appelle pour un boulot, tu as tellement un long poil dans la main que jamais je ne donnerai ton nom ». Je n'étais pas motivé et me suis rendu compte que je ne souhaitais pas continuer dans la comptabilité telle que le BTS le préparait. Un ami de ma famille, déjà en Big 4, m'a dit lors d'un repas que la recette était simple : il faut avoir un gros nom sur son CV, soit une école, soit une entreprise. Ma quête était lancée pour obtenir soit l'un soit l'autre et commencer l'effet boule de neige « snowball ».

**Les années avant le Master**

J'ai décidé de m'inscrire à l'université de Bretagne Sud en L2 à Vannes. Je n'avais pas été accepté en L3. J'ai donc eu l'opportunité d'améliorer mon dossier durant cette année de L2 pour intégrer une L3 par la suite. C'est ainsi que j'ai commencé ma Licence 3 de gestion à l'IAE de Poitiers, qui est un IAE très axé sur l'international. J'effectue un premier stage à l'étranger dans le sud de l'Irlande à

Cork, et de retour de cette expérience, j'ai souhaité capitaliser dessus. J'ai déposé mon dossier pour effectuer 1 an d'étude à l'Université de Reading, Henley Business School à côté de Londres. La réputation académique de l'école était exceptionnelle et elle est très reconnue dans le monde des entreprises. Enfin, la taille et la situation géographique d'Henley Business School répondaient à mes exigences en matière d'université. L'environnement anglo-saxon est très valorisé sur le monde du travail. L'école est classée dans le Top 1 % mondial par le Financial Times. Mon dossier est retenu pour partir en Angleterre.

**Les années Masters**

Ça y est, première étape effectuée, je détiens le « gros nom » qu'il me fallait pour commencer. Cette expérience m'a permis d'enchaîner sur une année de césure avec deux stages en entreprise. L'objectif est le même, découvrir un métier et obtenir un gros nom. Première expérience de 6 mois en tant que contrôleur de gestion chez Mondelez (Oréo, Lu, Milka, Côtes d'or, etc.) et deuxième partie de césure au sein de Mazars à Grenoble. Premièrement, le fait que les Big 4 recrutent ou non dans l'école n'était pas au premier plan de mes préoccupations. Donc, pour ceux d'entre vous qui s'en veulent de ne pas avoir pensé à cela quand ils ont choisi leur école, ne vous inquiétez pas. Je n'y ai pas pensé non plus. Franchement, quand j'ai choisi d'entrer à Henley Business, je n'étais pas encore sûr à 100 % de vouloir faire de la comptabilité. Tout ce que je savais, c'est que je voulais faire des études dans les chiffres.

J'ai finalement choisi la comptabilité et la finance comme matières principales au début de mon master. À partir de ce moment-là, j'ai cherché à obtenir les meilleures notes possibles afin d'avoir une bonne moyenne générale à la fin de mes études. Pendant cette période, j'ai également discuté avec mes professeurs de la manière de renforcer mon CV par d'autres moyens afin de montrer aux entreprises que je ne me résumais pas à une bonne moyenne. J'ai décidé de monter un projet de start-up, de développer mon réseau en allant au maximum de pots et événements organisés par l'université.

**Premier échec**

Quand j'étais à Henley Business School, j'ai échoué pour être recruté par un Big 4. Même si les quatre grands recrutent activement à l'école, je n'ai réussi à faire impression sur aucun d'entre eux, que ce soit en Angleterre ou en France pour la première partie de ma césure. Je suis allé à plusieurs événements de recrutement pendant mon séjour là-bas, et j'ai fini par partir tôt parce que je n'arrivais pas à gérer les discussions et interactions sociales que cela impliquait. Je suis plus introverti qu'extraverti et je n'avais jamais vraiment travaillé les « relations sociales ». J'ai transmis mon CV à chacun d'entre eux lors du salon, mais je n'ai pas effectué le travail nécessaire pour leur indiquer le lendemain que j'avais apprécié les rencontrer. Tout ce que vous pouvez faire de mal, je l'ai fait. Au fur et à mesure de l'année, je me suis entraîné en regardant comment faisaient les autres. Il y avait notamment un groupe d'amis Mauritien qui était extrêmement bon sur les relations, réseautage et les notes. J'ai pris exemple sur eux.

### La césure

Finalement, c'est à ce moment que j'ai obtenu un stage de 6 mois au sein de Mondelez International à Clamart (proche de Paris). J'ai appris de cette expérience de stage que l'entreprise n'était pas pour moi, en tout cas, pas tout de suite, et que je devais trouver un moyen de trouver un job dans un cabinet.

C'est au cours de ce stage que j'ai commencé à rechercher le second stage. J'ai envoyé des candidatures partout, sans réponses. J'ai contacté le maximum de personnes sur LinkedIn avec le grade de Manager et plus. Et ça a payé. Mazars Grenoble était intéressé. Me voilà quelques mois après, à débarquer à Grenoble. C'était parfait pour découvrir le monde du cabinet et pour diversifier mon CV. J'ai effectué des heures de recherches pour déterminer quel serait le meilleur choix pour mon Master 2. J'hésitais initialement entre le Master 2 Finance – Audit & Financial Advisory de Paris Dauphine et le Master 2 – International Finance de l'IAE Aix-Marseille.

Chaque programme était très bien classé et me permettait d'accéder aux quatre grands cabinets. De plus, en tant que boursier, ce type d'école est gratuite.

En fin de compte, j'ai décidé que l'université Paris Dauphine était la bonne école pour moi pour les raisons suivantes :

– Un accès et des entretiens garantis avec tous les cabinets des Big 4. La première semaine, une visite de tous les Bigs est organisée. La deuxième semaine, des entretiens sont programmés pour les élèves sélectionnés.

– Stage de janvier à mars pour la période fiscale

– Une université prestigieuse et idéalement située (capital)

– Petite taille du programme (seulement 21 élèves lors mon année)

Maintenant, les exigences que vous vous imposez peuvent être différentes des miennes. Il y a de nombreuses façons de mener sa carrière universitaire, et toutes ont encore de bonnes chances de décrocher un emploi chez l'un des Big 4. Mais cette stratégie a parfaitement fonctionné pour moi. J'ai fini par obtenir un emploi dans un Big 4 en grande partie parce que j'avais un objectif clair en tête et que j'ai exécuté mon plan d'action.

Dans l'ensemble, il est important de se connaitre et de savoir quelle est la meilleure option pour vous. Cela vous permettra de vous présenter sous le meilleur jour possible à ces entreprises pendant le processus de recrutement.

# ÉTAPE 5
DÉCIDER DE SA SPÉCIALITÉ/SON SECTEUR

Chacun des Big 4 offre des services dans un certain nombre de catégories différentes. Avant de vous lancer dans les entretiens, vous devez avoir une idée du service pour lequel vous souhaitez postuler. Pour ceux qui ne sont pas certains de la direction à prendre, cette décision peut être stressante. Au début de ma carrière, j'ai traversé un véritable calvaire en essayant de décider dans quel service me spécialiser.

J'ai tiré les leçons de cette expérience et je suis en mesure de vous prodiguer des conseils sur la manière de déterminer la voie qui vous convient le mieux. En lisant ce qui suit sur les deux voies les plus choisies pour commencer votre carrière en Big 4, pensez au travail que vous voulez faire et à l'environnement de travail qui vous convient le mieux. Le fait de vous imaginer dans le poste et d'effectuer le travail quotidien vous aidera grandement à déterminer quel est le meilleur poste pour vous. La plupart mettent une importance cruciale sur ce choix, mais vous verrez que, quel que soit le choix que vous faites, et surtout lorsque l'on est en début de carrière, vous pourrez toujours pivoter.

Une fois diplômés, la plupart des étudiants en comptabilité et finance travaillent pour les quatre grands cabinets dans l'un des deux domaines suivants :
– Audit

– Conseil

Chacun des domaines se concentre sur des aspects différents de la comptabilité et de la finance et requiert un ensemble de compétences différent. La question est de savoir comment déterminer lequel vous correspond le mieux. Je vous propose une analyse détaillée de chacun d'entre eux pour vous aider à mieux comprendre ce qu'est le travail dans chaque ligne de service.

## **Audit**

La fonction d'audit des quatre grands cabinets est la ligne de service la plus importante dans la plupart des bureaux. En tant qu'auditeur d'un grand cabinet, vous serez affecté à différentes missions d'audit que le cabinet réalise dans votre région, votre pays ou à l'international. La mission d'audit consiste à suivre des procédures, à tester des données financières et à formuler une opinion sur le caractère raisonnable des états financiers d'une société. Ainsi, vous contrôlez les comptes, afin que les entreprises n'aient pas de comptes significativement faux à présenter aux parties prenantes (banques, investisseurs, etc.).

En outre, les auditeurs effectuent des procédures pour évaluer l'efficacité des contrôles internes d'une entreprise. La durée et la portée d'un audit varient d'un client à l'autre, mais les audits les plus approfondis concernent généralement les sociétés cotées sur un marché réglementé (Euronext).

D'après mon expérience, rejoindre les rangs d'un Big 4 en tant qu'auditeur est le choix le plus populaire pour les diplômés en comptabilité. Les gens ont tendance à considérer la profession de consultant comme une profession plus sexy qu'auditeur, car les Big 4 travaillent avec des clients importants et médiatisés. Mais l'audit est un excellent tremplin et un gage de qualité sur un CV. De plus, j'ai constaté que les professeurs de comptabilité ont également tendance à pousser leurs étudiants vers l'audit, car il s'agit d'un cheminement de carrière qui ouvre de nombreuses portes. Nombreuses sont les offres d'emploi demandant une expérience préalable en Big 4.

La raison pour laquelle vous décidez de poursuivre ou non une carrière d'auditeur vous appartient, mais voici quelques éléments à garder à l'esprit au moment de prendre votre décision :

### Vous aimez travailler en équipe ?

Les auditeurs travaillent généralement en équipe sur place, dans les bureaux du client ou dans les locaux du cabinet. Les équipes d'audit peuvent être composées de deux personnes seulement ou de plusieurs personnes. Tous les niveaux de l'équipe seront présents à tout moment. En général, les séniors et les juniors seront toujours présents dans les bureaux du client pour effectuer les travaux quotidiens de l'audit. Les Managers seront là pour superviser et interagir avec les hauts dirigeants chez le client. Quant aux associés, ils viennent généralement une à deux fois chez le client durant la mission ou une fois par semaine.

La visibilité professionnelle que vous avez en tant qu'auditeur est inégalable. Chaque jour, vous avez l'occasion d'apprendre quelque chose de nouveau de vos collègues ou du client, et l'esprit d'équipe est idéal pour échanger des idées. Vous pouvez être force de proposition dès votre arrivée et proposer des potentiels axes d'améliorations à vos supérieurs. Peu de professions offrent ce type d'interaction à un stade aussi précoce de la carrière. Chacun apporte sa pierre à l'édifice.

### Vous voulez travailler directement avec les clients ?

En tant qu'auditeur, vous travaillez dans les bureaux du client pendant 80% de l'année. Il est rare que vous vous rendiez dans les bureaux du cabinet pour travailler. Pour cette raison, l'un des grands avantages du métier d'auditeur est l'interaction avec le client que vous recevez dès le premier jour de travail. Tout au long de votre carrière d'auditeur, vous serez en contact permanent avec le client.

Vous vous retrouverez à poser des questions au personnel et aux responsables comptables et pourrez même assister à des réunions avec le contrôleur ou le directeur financier. Ne craignez pas ces interactions avec le client. J'ai rarement rencontré des problèmes avec les clients et j'ai trouvé que ces réunions étaient les meilleures expériences d'apprentissage, car elles vous obligent à comprendre le travail que vous effectuez. Vous pouvez ainsi poser un maximum de questions et apprendre à vitesse grande V.

### Avez-vous aimé vos cours de comptabilité ?

En tant qu'auditeur, votre principale tâche consistera à vérifier les états financiers de l'entreprise. À ce titre, vous devrez vérifier chaque élément du bilan et du compte de résultat. Par exemple, vous devrez maitriser des concepts et des théories tels que la comptabilisation du chiffre d'affaires, l'amortissement des actifs ou l'établissement d'un tableau des flux de trésorerie.

Vous aimez résoudre les problèmes liés à ces concepts ? Si c'est le cas, l'audit pourrait être une excellente profession pour vous. D'après les conversations que j'ai eues avec des personnes qui sont restées longtemps en audit, ce qu'elles aiment le plus c'est discuter, débattre et résoudre les problèmes comptables complexes qu'elles rencontrent au cours de l'audit.

### Aimez-vous écrire, ou êtes-vous doué pour l'écriture ?

La plupart des gens pensent que les comptables traitent des chiffres toute la journée, mais le travail quotidien d'un auditeur est très différent de cela. Bien que votre travail nécessite une certaine analyse des chiffres pour compléter vos travaux, vous serez surpris de la quantité de formalisation écrite que cela implique.

Les auditeurs sont tenus de documenter en détail chaque élément de l'audit. Cela comprend le processus de planification, les tests de détail et les conclusions tirées de l'audit. Pour ce faire, tous les membres de l'équipe d'audit rédigent des mémorandums (mémos) et des documents de travail détaillés qui décrivent chaque procédure qu'ils ont effectuée.

Par conséquent, une compétence importante à posséder en tant qu'auditeur est la capacité à documenter votre méthodologie et vos conclusions. En tant qu'auditeur d'un Big 4, cette tâche peut sembler intimidante au début, mais votre rédaction s'améliorera avec la pratique. La chose importante à retenir pour savoir si l'audit vous convient le mieux est de comprendre la quantité d'écriture et de documentation qu'implique ce travail.

### Voulez-vous avoir un lieu de travail permanent ?

Si vous souhaitez avoir votre bureau avec votre nom dessus, la vie d'auditeur n'est peut-être pas faite pour vous. Étant donné que vous travaillez presque exclusivement chez les clients, le cabinet ne vous fournit pas un bureau permanent. Au lieu de cela, le cabinet offre à ses employés d'audit ce que l'on appelle « le flex office » lorsqu'ils travaillent au bureau. Le premier arrivé est le premier servi en termes de bureau.

En outre, la vie chez le client n'est généralement pas une vie de luxe pour les auditeurs. Souvent, les clients vous installent dans n'importe quel bureau ouvert dont ils disposent. Parfois, un bureau signifie pour eux un placard de rangement vide ou la salle en sous-sol sans fenêtre. Par conséquent, votre espace de travail sera exigu et inconfortable. Vos chaises seront inconfortables et vous aurez à peine assez d'espace sur le bureau pour poser votre ordinateur portable. D'autres fois, vous pourrez être dans de magnifiques bureaux. J'ai personnellement eu beaucoup de chance et j'ai notamment pu travailler au 73$^e$ étage de l'Empire State Building à New York, en Floride et à Washington. Le stage est idéal pour se positionner sur les missions qui vous intéressent lors de votre embauche en CDI !

### Quelle durée de trajet voulez-vous ?

Enfin, il est important que vous sachiez que les trajets sont souvent longs pour se rendre chez un client. Comme les clients peuvent se trouver n'importe où dans la région du bureau, les auditeurs doivent souvent faire un trajet de 30 minutes à une heure aller et retour. Cela peut être particulièrement épuisant en période de haute saison (busy season), lorsque vous travaillez plus de 60 heures par semaine.

La seule façon de lutter contre ce problème est d'habiter à proximité des bureaux de l'entreprise. Cela augmentera le montant du remboursement des frais kilométriques que vous recevrez pour vos déplacements (sauf si vous êtes à Paris).

Il arrive aussi d'être en déplacement, car le client est trop loin. Généralement, vous passez la semaine à l'hôtel et revenez le vendredi soir. J'ai personnellement beaucoup apprécié les missions à l'étranger.

### **Conseil**

Le conseil est l'autre branche la plus reconnue de la comptabilité / finance. Travailler en tant que consultant dans un cabinet Big 4 peut inclure une variété de spécialités. Parmi les spécialités les plus courantes au sein des Big 4, on peut citer :

– M&A.
– Transaction Services
– Transformation
– Stratégie
– Comptable

Au sein de chacune de ces spécialités, un professionnel du conseil travaillera pour répondre aux différentes problématiques du client. À la différence de l'auditeur qui demande des explications, le consultant produit les explications. Par exemple, prenons les consultants spécialisés dans l'accompagnement de la production d'états financiers d'une entreprise s'introduisant en bourse ; ils feront l'analyse et produiront les documents. En revanche, les auditeurs eux, effectueront la revue. Il est également important de préciser qu'un cabinet ne peut être consultant et auditeur de la même entreprise.

Outre le travail pour accompagner les entreprises, les cabinets offrent également à leurs consultants la possibilité de travailler en interne pour venir en aide aux équipes d'audit sur la vérification des points spécifiques (transactions M&A, valorisation de postes comptables, fiscalité, etc.). En effet, comme les consultants sont spécialisés sur des concepts, ils sont plus familiers avec certaines problématiques complexes qui peuvent arriver ponctuellement chez un client audit. Les équipes d'audits se tourneront souvent vers les consultants « spécialistes » pour vérifier les soldes financiers. Dans ce cas, le consultant assume le rôle d'un vérificateur et suit les mêmes directives et procédures que celles attendues d'un professionnel de l'audit.

Avec ce niveau d'expertise qu'implique le travail d'un consultant, voici quelques questions à vous poser pour vous aider à comprendre si le consulting est la bonne voie pour vous.

### Avez-vous le sens du détail ?

La préparation des travaux pour un consultant est très souvent complexe et détaillée. Un consultant doit tenir compte du fait que son travail doit être compréhensible à la fois par le client, mais aussi par les tiers qui utiliseront le document. Les tiers peuvent être les auditeurs, les banquiers, etc. Par exemple, vous devrez parfois passer des dizaines d'heures à effectuer des analyses, chercher dans des documents des informations pour documenter cela dans un fichier Excel simple ou une slide de PowerPoint. Vos analyses doivent être précises, claires, et compréhensibles.

Si vous êtes autonome et perfectionniste dans votre travail, une carrière de consultant pourrait vous convenir.

### Voulez-vous un espace de travail permanent ?

Contrairement aux auditeurs, les consultants travaillent plus souvent dans les bureaux du cabinet. Pour ceux qui cherchent à travailler dans un environnement stable et familier chaque jour, c'est une situation idéale. Votre trajet domicile travail sera le même chaque jour. Vous pouvez apporter votre déjeuner au travail sans problème. Vous pouvez profiter des avantages que le bureau de l'entreprise a à offrir (double écran, bureau assis debout, chaises ergonomiques...).

Un autre avantage de travailler exclusivement au bureau est que vos collègues en consulting font de même. Ainsi, vous apprenez à bien les connaître et travaillerez ensemble quotidiennement, même si vous n'êtes pas sur les mêmes dossiers. Vous déjeunez ensemble, vous profitez des petits-déjeuners au bureau et vous vous lierez d'amitié lors des soirées tardives au bureau.

### Vous aimez analyser les chiffres et les données ?

En tant que consultant, plus qu'en tant qu'auditeur, vous passerez une grande partie de votre temps à analyser les chiffres et les données pour un client au cours de l'année. Vous développerez des Excel et utiliserez des supports d'informations internes pour vous aider dans votre analyse.

Par exemple, lorsque je travaillais dans le département Opérations financières, je me retrouvais à créer des modèles Excel pour valoriser des baux de locations en IFRS 16 (norme internationale) et en ASC 842 (norme américaine). Nous produisions notamment des feuilles de calcul complètes pour aider une entreprise à faire une transition de normes comptables. De plus, la création de fichiers complexes sur Excel pour analyser des données reçues du client était constante.

Cette analyse complète des données n'est pas exclusive aux compétences du service Opérations financières. Elle est commune à la plupart des métiers de consulting. Par conséquent, si vous aimez travailler avec des chiffres ou des problématiques stratégiques et que vous aimez partir d'une feuille blanche, alors le consulting est fait pour vous.

Le choix de la bonne spécialité peut demander du temps et de la réflexion. Le résumé de chaque spécialité et les questions que j'ai présentées ci-dessus ne sont qu'un point de départ pour vous. Effectuez vos propres recherches pour répondre aux autres questions que vous vous posez. Consultez non seulement vos professeurs, mais aussi des amis ou d'anciens étudiants qui travaillent actuellement dans un des Big 4 et qui ont un poste que vous aimeriez atteindre. Si vous ne connaissez pas d'employés actuels, demandez à vos professeurs s'ils peuvent vous recommander quelqu'un.

Lorsque vous réfléchissez à vos choix, il est important d'envisager ce que pourrait être votre carrière au-delà des Big 4. Actuellement, votre objectif est sûrement d'obtenir une offre au sein d'un Big 4, et vous pensez peut-être y rester pour toujours.

Toutefois, il est plus courant pour les personnes d'évoluer au-delà de leur carrière de Big 4 vers d'autres opportunités. À ce titre, je vous conseille d'examiner également les parcours professionnels communs à chaque spécialité des Big 4.

### **Carrières en audit**

En tant qu'auditeur, j'ai pu constater que l'audit peut déboucher sur diverses opportunités dans le domaine de la finance ainsi que dans d'autres professions. Les recruteurs apprécient beaucoup votre expérience au sein d'un Big 4 en raison de l'exposition que vous recevez au niveau du management et pour résoudre des problématiques complexes. Voici quelques exemples de postes auxquels les auditeurs accèdent :
– Responsable Administratif et Financier
– Contrôleur de gestion
– Chef comptable
– Analyste financier
– Auditeur interne.

Vous pouvez également choisir d'occuper le même poste que celui que vous occupez dans un Big 4, mais dans un cabinet comptable plus petit. Les gens font souvent ce choix s'ils aiment leur travail actuel au sein d'un Big 4, mais recherchent un meilleur équilibre entre vie professionnelle et vie privée ou un changement de décor.

### **Carrières en consulting**

Le choix du consulting comme spécialité tend à orienter les gens vers un parcours professionnel plus spécifique. Il est important d'envisager les carrières possibles, car suivant votre spécialité, les débouchés ne sont pas les mêmes. Certains postes sont similaires à l'audit. En voici quelques exemples.
– Responsable administratif et financier

– Responsable du contrôle interne
– Responsable des opérations
– Analyste financier
– Analyse en private equity

Il existe également des spécialités dans le domaine du consulting et de l'audit qui peuvent vous permettre de travailler pour le gouvernement. Certains auditeurs travaillent maintenant pour la Cour des comptes

# ÉTAPE 6
# CRÉER UN RÉSEAU POUR DÉVELOPPER DES RELATIONS

Si vous voulez aller vite, allez-y seul. Si vous voulez aller loin, allez-y ensemble.

*Proverbe Africain*

## Le réseautage est un avantage ridiculement injuste. Utilisez-le !

Le monde n'est pas juste. Bien souvent, même si vous avez les bonnes compétences, vous n'obtenez pas le poste et la raison la plus fréquente est "quelqu'un a été recommandé". Plus de la moitié des emplois sont pourvus par le biais de réseaux. C'est ainsi que le monde tourne. Les gens ne prennent pas leur décision d'embauche uniquement sur la base du meilleur CV et des meilleures qualifications. Ils accordent beaucoup d'importance aux personnes que vous connaissez et qui parleront de vous en bien.

La recherche d'emploi, tout comme une grande partie de votre vie personnelle, est une question de relations. Ces relations se construisent sur la base du réseautage. Malheureusement, beaucoup de gens sont aussi mal à l'aise avec le réseautage qu'avec le fait de parler en public ou d'inviter quelqu'un à un rendez-vous.

Mais qu'on le veuille ou non, qu'on en ait peur ou non, un réseau solide est souvent ce qui distingue la personne qui est embauchée. Si vous ne construisez pas un réseau, non seulement vous risquez de laisser l'offre au profit d'une personne moins qualifiée que vous, mais vous passez à côté d'opportunités futures. De nombreuses offres d'emploi ne sont jamais publiées.

### Comment travailler son réseau.

Nous connaissons en moyenne 600 personnes d'après une étude de l'université Columbia. Sur ce nombre, seul 10% - 25% sont dignes de confiance. La différence s'explique principalement par les liens faibles.

### La force des liens faibles.

Les liens faibles sont les relations lointaines et ce sont eux qui font la différence. Le sociologue Mark Granovetter a révélé comment les réseaux sociaux nous aident à trouver un emploi.

Son idée maîtresse ? Ce sont nos liens faibles, et non nos liens forts, qui font la différence. Les personnes que vous ne connaissez pas bien, avec lesquelles vous n'avez pas d'histoire commune, sont celles qui vous aideront le plus. C'est logique. Vous connaissez la plupart des relations de vos amis, en revanche vous ne connaissez pas les relations de vos liens faibles.

## Connectez-vous à toutes les personnes que vous connaissez (ou non) sur les réseaux sociaux.

L'une des meilleures choses que j'ai faite au fil des ans est de me connecter avec presque toutes les personnes que je rencontre par le biais de LinkedIn, que ce soit dans le cadre de mon travail ou de ma vie personnelle. Que ce soit mon orthodontiste, kiné, un type avec qui j'ai discuté 5 min dans un bar ou même mes anciens professeurs du lycée. J'ai maintenant plusieurs centaines de connexions, et quelle que soit l'entreprise qui m'intéresse, je trouve presque toujours quelqu'un qui pourrait me présenter à quelqu'un de son réseau plutôt que de démarcher à froid.

Ce n'est pas le moment d'être timide. Allez sur votre/vos réseau(x) social(aux) préféré(s), et connectez-vous à tous ceux que vous pouvez.

Ne vous limitez pas aux amis proches ou aux anciens collègues de travail. Toutes les personnes suivantes devraient être invitées :
- Membres de la famille lointaine,
- Anciens de votre école ou de vos écoles,
- Connaissances,
- Les employés actuels des entreprises pour lesquelles vous avez travaillé auparavant, même si vous ne les avez jamais rencontrés,
- Des personnalités de premier plan dans votre secteur d'activité préféré (il n'est jamais inutile de demander),
- Des membres de clubs ou d'organisations auxquels vous avez adhéré.

## Les personnes présentes sur les médias sociaux sont prêtes à vous aider

Parfois appelée "hormone du câlin", l'ocytocine est une substance chimique qui, lorsqu'elle est libérée dans notre cerveau, renforce les sentiments de confiance, d'empathie et de générosité.

Après avoir passé seulement dix minutes sur les médias sociaux, le taux d'ocytocine d'une personne peut augmenter de 13 %, soit l'équivalent du pic hormonal de certaines personnes le jour de leur mariage.

Il faut comprendre que vous pouvez demander de l'aide sur les médias sociaux... et l'obtenir. L'astuce consiste à ce que votre demande ne soit pas la première chose que vous faites. Il faut d'abord construire sa marque personnelle sur les réseaux. L'aide vient toute seule ensuite. Je vais vous raconter une histoire : lors de ma première recherche de stage en audit, j'avais contacté tous les managers de Mazars que je pouvais sur LinkedIn. J'indiquais que je souhaitais simplement échanger avec eux une quinzaine de minutes car j'ambitionnais leur carrière. Je ne vous fais pas de dessin, mais ils comprenaient tout de suite que je cherchais un stage mais je n'avais pas besoin de le demander. Un manager de Mazars, sans que je ne lui indique que je recherchais un stage, m'a demandé de le recontacter mi mai. Très heureux, je me mets un rappel dans mon agenda. Début mai, je reçois un message de ce manager. C'est bien lui qui m'a recontacté.

### Partagez ce qui vous passionne !

Nous avons tous des choses que nous aimons dans la vie. Il est temps de parler des vôtres à tout le monde. Les gens sont attirés par les personnes qui présentent une similarité.

En termes simples, le moyen le plus rapide d'établir des liens qui comptent est d'avoir une passion commune.

Mais vous pouvez tout simplement les appeler "les personnes avec lesquelles il est facile de parler". Et une passion pour à peu près tout fonctionne.

---

**Tips pour l'entretien**

*En passant de nombreux entretiens j'ai voulu mettre en place une technique me permettant d'effectuer 2 choses :*
*1 – Sortir du lot et marquer les esprits dans les 20 premières secondes*
*2 – Ne pas résumer ma vie à mon travail ou mes études lorsqu'on me pose la question « Pouvez-vous vous présenter ? ». Je considère que ce n'est pas cela*

> *qui me qualifie le plus.*
>
> *Votre passion est un élément très important. Avant de recruter des compétences, les entreprises recrutent des humains. Ils souhaitent savoir si relationnellement vous arriverez à vous entendre avec les autres. Pour marquer les esprits, je commençais toujours à répondre à cette fameuse question où l'on me demande de me présenter par : « Bonjour, je m'appelle Yoan, Yoan Jeusselin, et je suis un passionné de sport ». C'était devenu un jeu de regarder la réaction des recruteurs. Ils étaient pour la plupart très étonnés et n'avaient pas l'habitude que l'on commence comme cela. Cela avait un effet très bénéfique, cet évènement qui sortait de l'ordinaire permettait d'interloquer le recruteur et ainsi il était plus à même de m'écouter ensuite. Vous trouverez en bonus à la fin de ce livre un exemple de réponse à cette fameuse question.*

Une grosse mise en garde. Certains sujets qui vous passionnent peuvent être des sujets qui ont des tendances conflictuelles dans nos cultures. Ils peuvent réduire vos possibilités d'élargir votre réseau et/ou transformeront potentiellement les membres de votre réseau en personne qui se détacheront de vous. Réfléchissez aux mots et avant d'aborder l'un des sujets suivants :
- Politique
- Religion
- Vaccins (Covid 19 lorsque ce livre est écrit)
- Théories du complot

**Dans le « monde réel », ne créez pas votre réseau pour trouver un emploi mais pour créer des liens qui comptent.**

Qu'il s'agisse de conférences, de salons, d'évènements en petits comités ou, pourquoi pas, de rencontres avec les autres élèves de votre école, le réseautage ne sert pas à trouver un emploi, mais à nouer des relations. Il se trouve que certaines relations mènent à des emplois. Lorsque vous rencontrez quelqu'un, surtout dans un contexte professionnel, la première question la plus courante est : "Alors que faites-vous ?"

À partir de maintenant, c'est la dernière question que vous posez.

Le but du réseautage est d'établir une connexion personnelle avec quelqu'un, et la question la moins personnelle que vous puissiez poser à quelqu'un est "Que faites-vous ?". Au lieu de cela, commencez par des éléments un peu plus personnels. On ne va plus parler de la pluie et du beau temps, je souhaite que vous les ameniez directement à une conversion plus intéressante qui arrive habituellement plus tard.

En plus d'apprendre à mieux les connaître, cela vous permettra de vous démarquer de toutes les autres personnes présentes qui posent toujours les mêmes questions banales. La meilleure approche est de s'intéresser aux gens, et voici quelques-unes de phrases d'accroche préférées (à l'oral) :

- « Dès que tu as du temps libre, tu en profites pour quoi ? »

- « Alors, qu'est-ce qu'il y a tout en haut de ta to-do list ? »

**Tirer au maximum profit des réunions de réseautage formel.**

De temps en temps, des réunions de réseautage professionnelles auront lieu. Cela peut prendre la forme d'une soirée d'alumni, d'un cocktail spécialisé avec les acteurs d'un même secteur d'activité, ou bien même d'un appel téléphonique etc.

- **Soyez concis :** Pour un appel, la conversation ne doit pas durer plus de 15min ; Il faut être direct dans sa demande et dans ce dont vous aimeriez discuter. Pour un emploi, vous ne pouvez peut-être pas lui demander directement mais vous pouvez expliquer que vous cherchez un post dans leur domaine.
- **Effectuez votre travail du soir.** Ne posez pas des questions pour lesquelles une simple recherche Google vous aurez permis de connaitre la réponse. Si vous connaissez les personnes que vous allez rencontrer. Prenez la peine de chercher des informations sur LinkedIn ou autre.
- **Soyez humble.** Lorsque vous prenez contact, l'objectif n'est pas que vous parliez mais que la personne en face puisse discuter. Ne monopolisez pas la parole. On s'enthousiasme généralement pour notre propre

réussite. Utilisez vos recherches passées pour vous aider dans la recherche de passions communes.
- **Proposez votre aide.** Si vous le pouvez et que durant votre conversion vous pouvez aider. N'hésitez pas à proposer votre aide.

La saison des recrutements est arrivée. Vous attendiez ce moment avec impatience. Vous avez travaillé dur à l'école dans le but d'obtenir de bonnes notes, vous avez participé activement à des activités sur le campus ou hors du campus et vous peaufinez les dernières retouches sur votre CV. Vous êtes prêt à expliquer aux quatre grands cabinets pourquoi ils doivent vous engager. Que le jeu commence !

La saison de recrutement commence généralement en février pour un début en septembre. Si les Big 4 recrutent activement dans votre école, vos professeurs vous avertiront des événements à venir sur le campus auxquels vous devez assister. Marquez ces dates comme prioritaires dans votre calendrier et fixez des tas de rappels. Ceux qui manquent ces événements auront plus de mal à se faire remarquer lors des événements ultérieurs.

### Salon de l'emploi

L'une des premières interactions que vous aurez avec les cabinets est le salon de l'emploi de votre école. C'est une excellente occasion de parler en tête à tête avec un représentant de chacun des grands cabinets. Arrivez en étant préparé au salon de l'emploi avec un CV finalisé et quelques questions générales pour les recruteurs. Faites-leur savoir qui vous êtes et que vous souhaitez travailler pour eux. Donnez-leur quelques informations sur vous pour les aider à se souvenir de vous, car ils parleront à un grand nombre de personnes pendant le salon. Enfin, veillez à obtenir la carte de visite de la personne et envoyez-lui un mail ou SMS de remerciement immédiatement après la fin du salon. Cela contribuera à créer une bonne impression et à obtenir un potentiel contact de plus en interne.

Lorsque j'étais à l'université de Reading, j'ai participé à un premier salon de l'emploi afin de discuter avec chacun des Big 4 et des autres cabinets comptables. J'ai préparé un CV pour le remettre à chacun d'eux, mais c'est à peu près tout ce que j'ai fait de bien. Je n'avais pas préparé de questions et je ne savais rien de l'actualité du cabinet pour ouvrir les discussions. Lorsque j'ai parlé avec eux au salon, je n'ai pas pu me distinguer en communiquant des informations pertinentes à mon sujet pour aider à créer un souvenir de moi. En effet, les recruteurs aiment entendre des « mots-clés » qui leur permettront d'avoir une première idée de la qualité du candidat. De plus, j'ai omis de demander leur carte de visite afin de les remercier d'être venus à l'école.

Dans l'ensemble, ma performance à ce premier salon n'a pas été un bon départ.

**Présentations des Bigs 4**

Très souvent, les grands cabinets seront invités par vos professeurs à venir à l'école pour faire des présentations. C'est peut-être votre première chance d'être remarqué par le cabinet. Suivez donc ces conseils pour faire bonne impression :

– Prêtez attention. Ce n'est pas une conférence de plus. Ayez l'air de suivre en gardant une bonne posture et hochez la tête de temps en temps en signe d'accord.

– Posez des questions. Si vous posez des questions intelligentes, on se souviendra de vous. En général, votre professeur vous fera savoir quel sujet sera abordé par le cabinet. Il s'agira probablement d'un sujet d'actualité ou en lien avec vos cours. Avant la présentation, effectuez des recherches sur le sujet et préparez quelques questions pertinentes. Il s'agit d'une excellente façon de voir cela comme une opportunité pour se démarquer en transformant une situation que de nombreux étudiants négligent.

– Ajouter les intervenants sur LinkedIn. Effectuer des recherches en amont de leur visite pour obtenir des informations sur eux. Les informations clés vont être quelle école ils ont effectuée, leurs années d'expérience, les stages qu'ils ont effectués et voire les derniers posts likés et commentés sur LinkedIn. Nombreux sont ceux qui ont peur de « stalker » et que leur nom apparaisse sur la page LinkedIn de la personne. Généralement, la raison pour ne pas aller voir le profil et de penser que la personne va trouver cela gênant. Au contraire, je trouve que c'est une marque de respect que de prendre le temps de se renseigner sur la personne qu'on va rencontrer.

– À la fin de l'intervention, essayez de trouver un moment pour parler avec les intervenants. Vous pouvez leur poser des questions plus précises ou leur demander conseil. Très souvent, des informations intéressantes sont données et pourront être réutilisées lors des entretiens.

J'insiste sur la présentation en classe, car c'est une chose que j'ai vu être négligée par de nombreuses personnes. Pendant la présentation, il faut choisir les places entre le milieu et le devant de la pièce. Il est facile de voir son attention décroître tout au long de la présentation. Faites attention à ce que cela ne se voit pas sur votre visage ou sur votre manière d'être assis. Venez bien habillé. Suivant l'occasion cela peut être un costume ou une chemise et un pantalon. Ayez l'air enthousiaste à propos du sujet.

Quand est venu le moment de poser des questions, je n'en ai pas posé, car je n'en avais pas préparé. Une fois la présentation terminée, je n'ai pas reçu d'offre de ce cabinet, et je sais que mon comportement a pu y contribuer. En tant que tel, je vous encourage à toujours donner le meilleur de vous-même lorsque vous êtes devant les entreprises, car une seule erreur pourrait vous coûter une offre. En revanche, on ne peut avoir un comportement parfait dès les premières fois. Il faut être conscient de ce qu'on peut améliorer à chaque rencontre.

### Événements

Une des meilleures façons de lancer votre carrière est d'assister à des séances de networking (*réseautage*) pour rencontrer des professionnels d'expérience et des recruteurs. Comme pour votre premier jour de travail, la première impression est importante, mais il arrive qu'on ne sache pas toujours quelle tenue vestimentaire est appropriée. Je vais vous expliquer la différence entre une tenue professionnelle décontractée « business casual » et une tenue simplement décontractée « casual ». Une tenue professionnelle décontractée comprend un pantalon habillé, une chemise pour les hommes, et une robe ou un pantalon et un chemisier pour les femmes. Dans ce genre d'événement, la cravate est facultative. Une tenue simplement décontractée « casual » comprend un jean propre non déchiré, une chemise ou un polo pour les hommes et une robe ou un chemisier décontracté pour les femmes. Cela ressemble à ce que vous porteriez au bureau un vendredi (si votre entreprise utilise le casual Friday). Maintenant, à votre première journée de travail ou la prochaine fois que vous assisterez à un événement, vous saurez toujours que votre tenue est appropriée. Chaque cabinet organisera un événement sur le campus de votre école (ou d'autres écoles) pour vous présenter l'entreprise et vous faire connaître sa culture. L'événement de présentation sera suivi d'une rencontre informelle au cours de laquelle vous pourrez rencontrer les employés actuels de tous grades de l'entreprise.

Des associés, des managers et des juniors seront présents, et il est important d'interagir avec chacun d'eux et de faire bonne impression. Mon expérience m'a appris qu'il était essentiel de faire une bonne impression auprès d'un Associé ou un Sénior Manager, car ce sont eux qui ont le plus de poids dans le processus de recrutement. Si un associé fait une recommandation au recruteur des ressources humaines, il l'écoutera et vous placera immédiatement en priorité.

L'objectif de ces événements est d'aider les cabinets à mieux déterminer qui possède les compétences sociales, de communication et qui possède la motivation nécessaire pour réussir dans la profession. Cela ne signifie pas nécessairement que vous devez être excessivement extraverti ou bruyant. Je pense d'ailleurs que la majorité des personnes au sein du cabinet sont l'inverse : introverti et calme[2]. Ce qui compte, c'est que vous fassiez une bonne impression qui dure, afin qu'on se souvienne de vous lors de la réunion de débriefing du lendemain. Voici quelques suggestions pour vous aider à faire bonne impression :

— Préparez au moins une question pertinente.

— Venez avec au moins un commentaire sur l'actualité financière.

— Préparez au moins un commentaire positif sur le cabinet qui soit spécifique à ce dernier. Cela montre que vous connaissez les

---

[2] Pour les introvertis, je recommande de lire « La Force des Discrets » de Susain Cain

différences entre les quatre grands cabinets.

– Habillez-vous convenablement. En général, la tenue est précisée, mais si ce n'est pas le cas, portez un costume.

– Demandez des cartes de visite à tous vos interlocuteurs. Si vous pouvez prendre un moment pour noter une phrase qui vous aidera à vous souvenir de la conversation avec cette personne, faites-le au dos de la carte.

– Lorsque vous vous présentez, faites une pause d'un battement de cœur entre la prononciation de votre prénom et celui de votre nom. Cela aidera votre interlocuteur à se souvenir de votre nom et vous ferez une meilleure impression.

– Si de l'alcool est servi, n'en buvez pas trop.

– Utilisez un bon langage corporel. Regardez l'autre personne dans les yeux (mais pas de manière trop insistante), ne vous tenez pas trop proche, etc.

– Souriez lorsque vous saluez les gens.

– Ayez une solide poignée de main.

– N'utilisez pas d'argot lorsque vous parlez.

– Ne discutez pas de sujets controverses (ex. : politique). Vous risquez d'offenser une personne qui pourrait vous offrir un emploi.

Après l'événement, envoyez un e-mail ou SMS aux personnes avec lesquelles vous avez parlé et remerciez-les. Si vous le pouvez, incluez une phrase qui les aidera à se souvenir de ce dont vous avez parlé. Cela vous aidera à vous démarquer des autres candidats.

Il peut être difficile pour les personnes introverties de gérer ce type d'événements. Si vous avez généralement du mal lors des rassemblements sociaux, voici quelques idées pour vous aider à profiter de l'événement :

– Faites équipe avec un autre élève et coopérez. Il sera peut-être plus simple de créer une conversation.

– Préparez des questions et des informations d'actualité sur l'entreprise. Vous pouvez bien entendu poser la même question à plusieurs personnes ou parler du même sujet d'actualité.

– Entrainez-vous à utiliser votre langage corporel afin de vous sentir plus sûr de vous.

– Venez à l'événement bien reposé. Il vous faudra beaucoup d'énergie pour être au top pendant la majeure partie de l'événement.

– Entrainez-vous avec un groupe d'amis avant l'événement.

Au fur et à mesure que le processus de recrutement se poursuit, les événements se réduisent. Finalement, les personnes qui ont fait bonne impression auprès de l'entreprise seront invitées à un entretien. Il s'agit de l'étape suivante du processus d'embauche.

Comme je l'ai mentionné précédemment, j'ai complètement échoué aux premiers événements pendant mes études à Henley Business School. Je n'ai pas fait une priorité d'assister à tous les événements des cabinets. Pour ceux auxquels j'ai assisté, je n'étais pas préparé et je n'avais pas effectué de recherches sur le cabinet. Je ne savais rien de la culture du cabinet ou de ses clients (par exemple certains cabinets ont beaucoup de clients bancaires alors que d'autres pas du tout). Je n'avais préparé aucune question. Quand est venu le moment de l'événement, je me suis figé. De plus, les quelques fois où j'ai parlé à quelqu'un, je n'avais pas grand-chose à dire, car je n'avais pas de questions à poser. Finalement, j'ai craqué et j'ai quitté l'événement après quelques minutes. C'était le premier événement auquel j'ai participé.

Pour les événements suivants, j'étais déterminé à ne pas laisser l'histoire se répéter. J'ai travaillé avec les conseillers de l'école (career center) pour m'assurer que j'étais aussi bien préparé que possible pour les événements. J'ai également fait énormément de recherche sur internet et je me suis inspiré des personnes qui avaient réussi le premier événement. J'ai effectué des recherches sur les cabinets pour savoir avec quels clients ils travaillaient. J'ai dressé une liste de questions pertinentes et j'ai apporté mes propres cartes de visite pour les échanger avec les employés du cabinet. Finalement, j'ai également lu des livres (*How to win friends and influence people*, Dale Carnegie; *Never eat alone*, Keith Ferrazi etc..) me permettant de m'aider à trouver une manière de communiquer qui me convient et qui me permettait de mieux échanger.

Quand est venu le moment des événements, j'étais encore très nerveux. L'interaction sociale dans de grands groupes n'est pas mon fort, même si je me prépare beaucoup. En fin de compte, j'ai réussi à m'en sortir en suivant les conseils que j'ai exposés dans ce chapitre. Mon conseil préféré est de travailler dans une salle avec un ami et de mettre en valeur les points forts de chacun lorsque l'on parle aux gens. J'ai développé un « pitch elevator » et une stratégie qui m'ont permis de convaincre suffisamment de personnes que j'avais les compétences sociales nécessaires pour réussir dans un Big 4. Vous trouverez dans la partie bonus une partie de ces éléments.

# ÉTAPE 7
# RÉDIGER UN CV QUI FONCTIONNE

Les règles pour rédiger un CV qui fonctionne ont radicalement changé ces dernières années. Non seulement les nouveaux CV designs ne sont pas optimaux et dans de nombreux cas si vous suivez les conseils sur internet, votre CV ne sera jamais vu. Les Bigs restent très conservateurs et dans la partie qui va suivre je vais vous expliquer comment rédiger un CV qui sera lu par les recruteurs et qui se démarque. Rien de tout cela n'est compliqué ; en fait, la rédaction d'un CV est plus facile aujourd'hui qu'elle ne l'a jamais été. Voici quelques conseils ci-dessous.

### Passer la première étape du screening par un robot

Aujourd'hui, la plupart des CVs sont lus d'abord par un robot avant d'être lus par un humain. Cela commence sur les sites d'emploi que vous utilisez comme LinkedIn ou Indeed. Tous les sites de recherche d'emploi analysent votre CV pour déterminer les postes et stages à recommander. Mais il ne s'agit là que du premier robot qui essaiera de lire votre CV. La majorité des recherches de poste sont effectuées en ligne car elles sont majoritairement sur internet. Cela implique que les obstacles à la candidature ont été considérablement réduits. Cela a eu pour conséquence prévisible de provoquer un pic de candidatures non qualifiées.

Pour lutter contre ce phénomène, les employeurs se sont tournés vers les logiciels. Aujourd'hui, les employeurs utilisent des programmes appelés « ATS » qui sont des systèmes de suivi des candidatures pour recevoir les candidatures en ligne, les noter et les classer. Le seul but de votre CV est de passer outre ces robots et d'être présenté ensuite à un recruteur.

### Utilisez un template de CV simple

Depuis des décennies, la conception du CV est considérée comme le premier moyen de se démarquer dans une recherche d'emploi. Lorsqu'un recruteur lisait une pile de CV, un beau design était un excellent moyen d'attirer son attention. Mais comme je viens de vous le dire, les humains ne sont plus les premiers à lire votre CV. Ce sont les robots, et tous ces robots sont imparfaits. Les robots lisent de haut en bas et de gauche à droite. Votre CV doit donc l'être aussi. Ils ne peuvent reconnaître que les polices qu'ils ont déjà vues. Alors, ne sois pas trop fantaisiste et reste sobre. Les CV se présentent sous tellement de formats, de polices et de mises en page différents qu'il est impossible pour ces robots de les interpréter correctement 100 % du temps. Voici donc mon conseil :

- Utilisez le modèle de CV le plus simple que vous puissiez trouver.

Ton CV doit ressembler à cela (voir page suivante).

LE GUIDE DES BIG 4 – Vue de l'intérieur

# PRENOM **NOM**

Adresse - Téléphone
Courriel - Profil LinkedIn -

---

Pour remplacer ce texte par le vôtre, il suffit de cliquer dessus et de commencer à taper. Énoncez brièvement votre objectif de carrière ou résumez ce qui vous distingue des autres. Utilisez les termes de la description du poste comme mots-clés.

## EXPÉRIENCE

**DATES DU - AU**
**TITRE DU POSTE, ENTREPRISE**
Décrivez vos responsabilités et vos réalisations en termes d'impact et de résultats. Utilisez des exemples, mais soyez bref.

**DATES DU - AU**
**TITRE DU POSTE, ENTREPRISE**
Décrivez vos responsabilités et vos réalisations en termes d'impact et de résultats. Utilisez des exemples, mais soyez bref.

## ÉDUCATION

**MOIS ANNEE**
**TITRE DU DIPLOME, ÉCOLE**
Vous pouvez vous vanter de votre moyenne, de vos prix et de vos distinctions. N'hésitez pas non plus à résumer vos cours.

**MOIS ANNEE**
**TITRE DU DIPLOME, ÉCOLE**
Vous pouvez vous vanter de votre moyenne, de vos prix et de vos distinctions. N'hésitez pas non plus à résumer vos cours.

## COMPÉTENCES

- Dressez la liste de vos points forts en rapport avec le rôle pour lequel vous postulez.
- Énumérez une de vos forces
- Énumérez une de vos forces
- Énumérez une de vos forces
- Énumérez une de vos forces

## ACTIVITES

Utilisez cette section pour mettre en évidence vos passions, vos activités et la façon dont vous aimez donner en retour. Il est bon d'inclure ici les expériences de leadership et de bénévolat. Ou montrez des extras importants comme des publications, des certifications, des langues et plus encore.

Plutôt qu'à cela (voir page suivante):

*Exemple de CV avec des informations fictives*

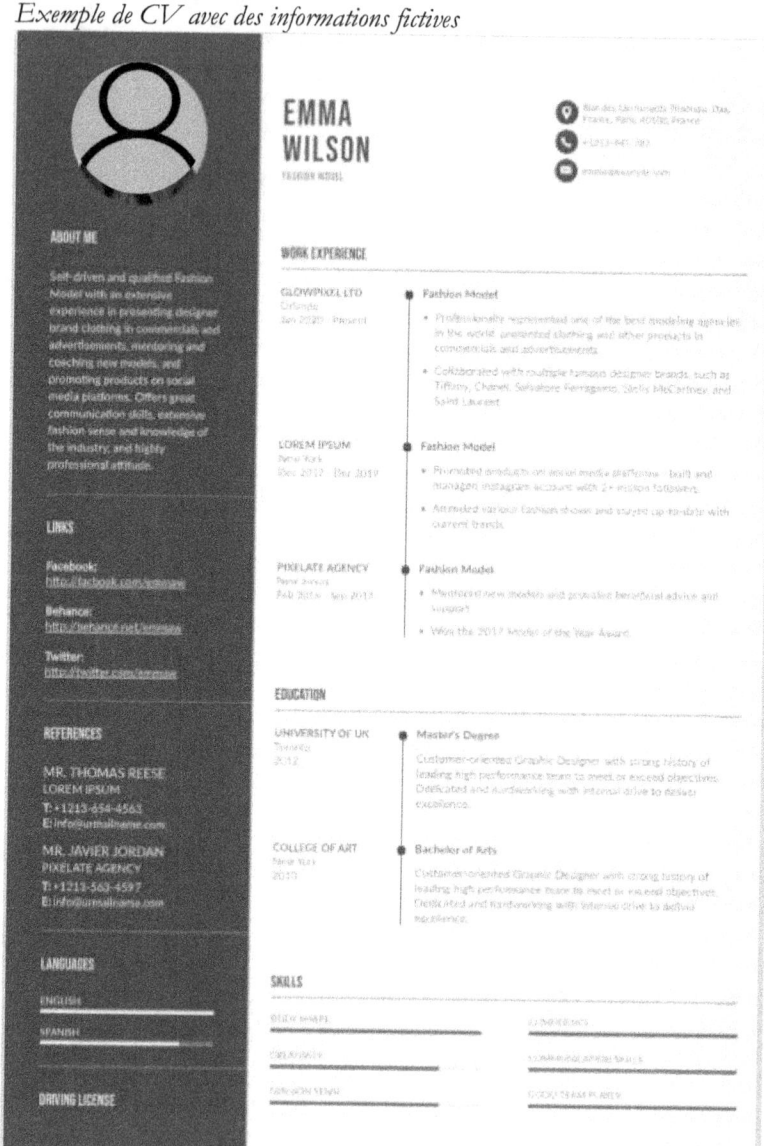

Mon meilleur conseil ? Cherchez sur internet « ATS friendly CV » ou « ATS friendly resume ».

Est-ce que cela signifie que votre CV aura l'air ennuyeux ? Oui, c'est le cas !
Vous disposez quand même d'une certaine souplesse. Vous pouvez utiliser du texte en gras, en italique ou souligné, des tailles de polices différentes sans que cela vienne embêter les robots.

## Utilisez des chiffres pour décrire votre impact

L'une des choses que beaucoup de candidats négligent est de décrire non seulement ce qu'ils ont fait, mais aussi les résultats de leur travail. Beaucoup de gens pensent qu'il suffit d'énumérer les tâches. Jetez un coup d'œil à ces deux exemples et dites-moi quel candidat semble le plus intéressant ?

Candidat 1 :
- Rédaction de mémos
- Gestion de la rentabilité de la stratégie de promotion
- Clôture mensuelle du secteur export

Candidat 2 :
- Rédaction de 18 mémos au cours des 6 mois
- Gestion de l'analyse de la rentabilité d'un catalogue de promo pour 8 m€ par an
- Clôture mensuelle du secteur export d'une valeur de 35 m€ de CA par an

Voyez-vous le pouvoir des chiffres ? Parlez toujours de votre impact en chiffres. Je me fiche de ce qu'était votre dernier emploi. Autre exemple : "Confectionne plus de 1000 pizzas par semaine" est mieux que "fabricant de pizzas".

## Soyez explicite sur vos compétences professionnelles

Les compétences professionnelles constituent généralement une section moins travaillée que les autres. Pour autant, il s'agit d'une section importante. Les premières compétences que vous énumérez doivent être celles qui sont les plus pertinentes pour le poste auquel vous postulez. Et lorsque vous décrivez vos compétences professionnelles, il est important de les décrire de la manière la plus explicite possible. Par exemple, en Big 4, l'utilisation et la gestion d'Excel et PowerPoint sont importantes.

Voici deux exemples :

Exemple 1 :
- Compétences en comptabilité
- Excel
- PowerPoint

Exemple 2 :
- Comptabilité – 2 ans de pratiques
- Excel – Création de modèles de revenu 1 an
- PowerPoint – Création de pitch – 2 ans

# ÉTAPE 8
## COMMENT RÉUSSIR SES ENTRETIENS

Si les entretiens vous rendent nerveux, laissez-moi vous assurer que vous n'êtes pas seul. La plupart des personnes que j'ai rencontrées se sentent nerveuses à l'idée de passer des entretiens. D'ailleurs, les recruteurs ont souvent comme objectif de mettre à l'aise le candidat.

Je vais essayer de vous expliquer au maximum le processus de recrutement et de vous donner quelques astuces afin que vous restiez le plus calme et serein possible. Cela vous donnera un vrai avantage et aura un impact certain sur la décision de l'entretien.

Le premier entretien est généralement le moment fatidique où les entreprises évalueront votre mentalité et vos compétences techniques s'il s'agit d'un opérationnel. Il servira à déterminer s'ils estiment que vous pouvez ou non réussir au sein d'un Big 4. Il est donc essentiel que vous vous montriez à la hauteur ce jour-là. L'entretien sera mené par un recruteur, un manager, un sénior manager ou un associé. L'ordre et le type d'entretien changent selon le cabinet.

Voici quelques conseils que j'ai appris en cours de route pour m'aider à préparer mes entretiens avec les quatre grands cabinets :

− Examinez le site web de l'entreprise et préparez au moins une question et un commentaire sur l'entreprise.

− Préparez d'autres questions à poser à votre interlocuteur :
- o Pourquoi avez-vous choisi de travailler pour ce cabinet ?
- o Qu'attendez-vous d'un stagiaire ?
- o Offrez-vous des opportunités internationales ?
- o Qu'est-ce qui vous plaît le plus dans l'audit (ou le conseil) ?
- o Qu'est-ce que je peux attendre du stage ?
- o Quelle est la qualité que vous appréciez le plus chez un employé ?
- o Comment évolue le métier ? D'ici 5 ans ?

− Préparez quelques commentaires sur le secteur ou la spécialité qui vous intéresse et sur les raisons de votre intérêt. Si vous pouvez citer des clients spécifiques avec lesquels ils travaillent déjà, c'est encore mieux. *Tips : Recherchez « Rapport de transparence 2021 Deloitte » par exemple*

– Répondez aux questions directement et sans radoter.

– Préparez des exemples de projets que vous avez effectués ou d'activités auxquelles vous avez participé.

– Soyez honnête. N'évitez pas les questions difficiles.

– Soyez toujours professionnel. L'examinateur n'est pas votre meilleur ami, même s'il est très gentil.

Au fur et à mesure des entretiens, vous comprendrez qu'en fin de compte c'est souvent vous qui dirigez l'entretien. En effet, le recruteur va rebondir sur ce que vous dites. Par exemple, je faisais exprès de positionner plusieurs fois certaines expériences pour lesquelles je souhaitais qu'on m'interroge dessus. Au contraire, j'ai volontairement laissé d'autres expériences sur le côté. Non pas que les autres expériences étaient une honte, mais simplement car j'étais moins préparé dessus si l'on me questionnait.

**Habillez-vous de manière professionnelle.**

– Achetez un bon costume pour vos entretiens. Un costume de premier prix et mal ajusté donne une mauvaise première impression aux examinateurs. Par conséquent, dépensez l'argent supplémentaire pour acheter au moins un beau costume bien taillé qui vous servira sur plusieurs années. J'ai personnellement acheté mes costumes sur l'outlet de SuitSupply et chez Anthony Garçon. Ce costume vous servira durant plusieurs années

– Regardez toujours votre interlocuteur. Il est essentiel de maintenir un bon langage corporel, pas trop décontracté.

– Parlez avec les personnes qui vous accueillent à votre arrivée. Lors de la réunion de débriefing de l'entretien avec les recruteurs, il se peut que l'on demande aux personnes qui vous accueillent comment vous vous êtes comporté.

– Restez positif et souriez.

– Éviter de répondre aux questions en utilisant des exemples tirés de vos relations personnelles. Toutes les réponses doivent être de nature professionnelle, sauf si l'on vous demande expressément une expérience personnelle qui peut être en lien avec l'activité professionnelle.

## Les 20 premières secondes sont les plus importantes

La première impression du recruteur sera très difficile à changer alors il est important de préparer cette partie primordiale.

Vous avez déjà mis une tenue qui vous met en confiance. Maintenant, vous allez contrôler leur première impression. Vous êtes prêts ?

Voici les quatre choses que vous allez faire dès que vous rencontrerez votre interlocuteur :

### Ayez un vrai sourire

Quand je dis vrai sourire, c'est parce que très souvent il y a des sourires forcés qui sont effectués. Vous savez le sourire effectué lorsque vous croisez quelqu'un dans les couloirs ? Il est très facile à identifier puisque le sourire forcé ne se produit qu'avec la bouche. Un vrai sourire se définit par la contraction des muscles autour de la bouche et des yeux.

Cette étape est importante et vous ne devez pas la négliger, peu importe si vous devez vous entraîner devant un miroir à plisser les yeux. D'une manière ou d'une autre, vous allez apporter du bonheur à votre interlocuteur. L'humain ne traite pas de la même manière une personne qui sourit et une autre qui tire la tronche.

Mais le sourire ne fait pas qu'inciter les gens à se tourner vers vous de manière positive ; il vous calme également. Tout comme les respirations profondes, le sourire réduit les hormones de stress dans votre circulation sanguine. Il vous met littéralement à l'aise, vous et votre interlocuteur.

### Établissez un contact visuel fort

Dès que votre interlocuteur entre dans la pièce, faites-lui un vrai sourire et établissez un contact visuel fort.

Établir un contact visuel a de multiples effets sur le cerveau de la personne qui vous interroge. Il renforce sa perception de votre confiance, élève votre statut social, augmente sa confiance dans ce que vous avez à dire et déclenche plusieurs parties du cerveau impliquées dans l'empathie.

Tout cela signifie que votre interlocuteur sera prêt à se rapprocher de vous. Remarque importante : établissez seulement un bon contact visuel au début ! Après cette première utilisation volontaire d'un contact visuel, revenez à votre schéma normal de contact visuel. Si vous établissez un contact visuel excessif au cours d'une conversation, cela peut être très mal ressenti.

### Ayez une poignée de main ferme

Une bonne poignée de main est un autre moyen facile de créer une perception positive de vous-même. Une bonne poignée de main est un signe de confiance.

Ainsi, que vous rencontriez votre interlocuteur à l'accueil ou plus tard directement dans la salle, vous allez avoir un impact positif sur lui en adressant un vrai sourire, en le regardant dans les yeux et en lui offrant une poignée de main ferme.

### Dites le nom de votre interlocuteur

Votre dernier tip pour clôturer ces 20 premières secondes est la chose la plus facile et la plus naturelle au monde : prononcez immédiatement le nom de la personne qui vous interroge.

Pourquoi faites-vous cela ?

Les humains aiment qu'on s'adresse à eux par leur prénom. Nous considérons comme un compliment le fait que l'on se souvienne de notre nom.

C'est également considéré comme un signe de respect. En

prononçant leur nom, vous montrez à votre interlocuteur que vous le voyez, spécifiquement, et qu'il est important. Vous créez également un sentiment accru de familiarité, ce qui vous permet de vous détendre lorsque l'entretien commence.

L'essentiel ici est de se souvenir du nom de la personne. Vous allez l'utiliser à nouveau plus tard pour vous assurer que l'entretien commence bien. Apportez donc un bloc-notes et un stylo pour écrire son nom si nécessaire, mais assurez-vous de connaître le nom de votre interlocuteur.

Résumé :

1. Souriez
2. Établissez un contact visuel fort
3. Ayez une poignée de main ferme
4. Dites leur nom

**Après le sprint des 20 secondes, il faut réussir le marathon des autres minutes restantes.**

### Renvoyez la balle

Un bon entretien est un entretien où les deux parties passent un temps égal à parler. Le recruteur n'est pas là pour vous déstabiliser ou pour donner des éléments sur lesquels parler. Il essaie de comprendre avant tout comment ce serait de travailler avec vous.

Votre objectif est de lancer des conversations, et non de faire des monologues. Pour cela, il ne vous reste plus qu'à faire en sorte que chaque réponse que vous donnez se termine par une question. En fait, après tout ce que vous dites, je veux que vous "renvoyiez la balle".

*Recruteur : « Que faisiez-vous au quotidien dans l'entreprise X ? »*

*Candidat : « En tant que stagiaire, j'ai passé beaucoup de temps en tant qu'observateur dans les réunions. Je rédigeais principalement des comptes rendus afin de documenter les décisions prises. D'ailleurs, comment faites-vous pour que l'information soit bien transmise ici ? »*

## Soyez prêt à répondre aux questions d'entretiens typiques

En plus de ces conseils, il est primordial d'être prêt à répondre à certaines questions d'entretien standard. Préparez des réponses uniques à chacune des questions ci-dessous. N'utilisez pas le même scénario pour répondre à plusieurs questions. Si vous ne parvenez pas à trouver suffisamment d'exemples, cherchez à participer à d'autres activités extrascolaires.

Une fois que vous avez des exemples uniques en tête pour chaque question, répétez vos réponses avant l'entretien afin de paraître confiant dans vos réponses. Vous laisserez ainsi une bonne impression à votre interlocuteur.

### Que pensez-vous faire lors de votre première année chez nous ?

Exemple de réponse pour un entretien d'audit :
Je pense me voir confier les mêmes tâches qu'un assistant 1, analyse des cycles, m'entretenir avec le client. Je vais peut-être participer à des missions d'audit légal, d'audit contractuel, et d'audit d'évaluation et d'acquisition.

### Aimez-vous les déplacements ? À quel point êtes-vous mobile ?

Le recruteur cherche à savoir si vous avez bien cerné le métier et savoir si la mobilité vous conviendra. Voici un exemple de réponse :
Compte tenu du fait qu'il s'agira de ma première expérience dans un cabinet d'audit, je souhaite avant tout acquérir les réflexes et les compétences de l'auditeur. La mobilité étant une donnée intégrante dans le métier d'auditeur, je n'aurai aucune appréhension, car cela participera à ma formation et à mon apprentissage.

### Pourquoi voulez-vous travailler dans l'audit ou le conseil ?

Ma réponse pour l'audit :
Je souhaite travailler au sein d'un cabinet pour différentes raisons.

La première c'est tout d'abord de poursuivre mon envie d'évoluer. L'audit est la suite logique de ma formation. Mon côté curieux m'a amené à découvrir de nombreuses entreprises différentes par leur taille et leur secteur. J'ai commencé en tant que comptable dans des PME et dans une banque, j'ai aussi créé une start-up, j'ai effectué un stage avec le directeur financier d'une start-up dans les médias en Irlande et puis dernièrement j'ai travaillé pour une grande coopérative bretonne. J'ai travaillé pour un concessionnaire automobile, une entreprise d'ingénierie avicole, des restaurants, une junior entreprise. Et aujourd'hui je souhaite passer à l'étape d'après, avec des méthodes de travail structurées, être entouré de personnes très compétentes, pour de grosses entreprises *[lister jusqu'à ce que vous estimiez que cela fait « trop ». Je n'ai pas cité toutes les entreprises ci-dessus lorsque j'ai répondu à la question].*

D'autres aspects sont également à développer comme :
- L'aspect formateur du métier
- La transversalité du métier, des clients et des secteurs d'activité
- Les apports techniques en Finance
- Très bonne école pour le travail en équipe, relation client, exigence du métier

**Pourquoi cette entreprise ?**

Voici un exemple de réponse que j'ai pu donner lors d'un de mes entretiens :

Il y a 3 raisons principales pour lesquelles j'ai envie de travailler pour vous :

1. La première raison est la **qualité des personnes** qui travaillent ici ; j'ai eu la chance d'avoir des amis ici, d'avoir parlé avec *prénom nom* ou encore d'avoir parlé avec *prénom nom* qui a travaillé dans ce service. Ils sont unanimes sur le fait que sur l'ensemble des entreprises pour lesquelles ils ont travaillé qui se considérait comme une entreprise bienveillante, seule votre entreprise était à la hauteur. Cela m'a vraiment laissé une bonne impression puisque je choisis très attentivement mon « entourage » sur la base des valeurs qu'ils diffusent. De mon employeur, aux clubs de sports que je fréquente ou lorsque je suis bénévole.

2. C'est également la **reconnaissance sur le marché de l'entreprise**. L'entreprise est numéro une sur le secteur du […].

*Parler des chiffres présents sur le site web du cabinet.*
    3.    La taille de votre cabinet. *Parler du côté international, de la qualité des clients.*

### Pourquoi vous ?

L'objectif de cette question n'est pas de dénigrer les autres. En réalité, n'importe quelle réponse cohérente fonctionne. Par exemple, je joue sur le côté passion pour le milieu et je réutilise ce moment pour renforcer mon attrait pour la profession.
Exemple de réponse pour du consulting (Transaction Services) :
J'ai toujours adoré jongler avec les chiffres, la logique comptable et financière. J'ai compris que vous recherchiez quelqu'un qui fait preuve de rigueur, une capacité à traiter des sujets complexes et d'analyser les chiffres d'une société en offrant un regard sur la performance historique de l'entreprise et sur la soutenabilité de celle-ci sur l'horizon du plan d'affaires. J'ai démontré cela en [...]
    En me recrutant, j'apporterai cette passion pour délivrer un travail de qualité, de m'impliquer dans la croissance du service.

### Décrivez une situation dans laquelle vous avez été confronté à une situation difficile et comment vous l'avez surmontée ?

Une fois encore, la réponse à cette question dépend de votre expérience personnelle. Les cabinets aiment poser cette question pour savoir si vous avez déjà été confronté à un conflit et comment vous l'avez surmonté. En tant qu'employé du cabinet, vous pourriez être confronté à des conflits au quotidien, que ce soit de la part du client ou d'un membre de votre équipe. Il est important de montrer au cabinet que vous êtes à l'aise dans cette situation et que vous pouvez atténuer les problèmes que vous rencontrez.
    Pour cette question dans mes entretiens, j'ai fait référence à l'époque ou j'ai cofondé une start-up qui n'a pas fonctionné. Nous avons dû à deux jours d'une importante présentation, remonter un nouveau projet en partant de zéro et préparer un business plan à la hauteur du premier business plan qui avait duré 3 mois à construire. Il a fallu prendre des décisions qui ne pouvaient pas plaire à tout le monde pour aller vite, mais en deux nuits blanches, le travail était effectué.

**Décrivez une occasion où vous avez agi comme un leader dans une situation de groupe.**

Les cabinets posent cette question parce que vous serez amené à diriger une mission d'équipe très tôt dans votre carrière. Ils veulent donc savoir si vous avez une expérience personnelle de la direction d'autres personnes. Les exemples les plus courants sont les rôles de leader dans un club ou une association, l'expérience du bénévolat et/ou le rôle de capitaine d'une équipe sportive. Essayez d'éviter de répondre à la question en utilisant un exemple tiré d'un projet de groupe à l'école.

La plupart des personnes interrogées racontent des histoires de projets scolaires et, par conséquent, ne parviennent pas à se démarquer. Si vous n'avez pas d'exemple en dehors de la scolarité, utilisez quand même la scolarité. C'est ce que j'avais fait. Voici un exemple dans lequel j'utilise la méthode STAR :

Je me positionnerais en tant que personne qui propose des idées, organise les choses et trouve les points positifs et négatifs des projets).

- o Situation : Cette année, je fais partie d'un groupe de 6 personnes où l'on nous demande de faire une présentation orale toutes les deux semaines.
- o Tâches : Je dois dire que les étudiants/mes camarades n'étaient pas vraiment impliqués dans le travail.
- o Actions : J'ai donc proposé une idée d'organisation du travail avec notamment des dates de réunions et des comptes rendus écrits plus réguliers afin d'avoir un plan structuré pour respecter notre échéance. Chaque personne avait un rôle assigné, des tâches claires et des deadlines définies.
- o Résultats : Nous avons obtenu les deux meilleures notes de la classe pour chacune de nos deux présentations et le groupe était très satisfait de la façon dont nous avons travaillé ensemble.

**Où vous voyez-vous dans 5 ans ?**

Je déteste cette question. Nous sommes toujours très loin de là où nous pensions être dans 5 ans. Ce que le recruteur souhaite savoir ici, c'est comment vous planifiez à long terme vos objectifs et si cela correspond avec les objectifs de l'entreprise. Le recruteur préfère entendre que vous souhaitez passer le DEC[3] ou le CFA[4] que de leur dire que vous souhaitez partir dans 2 ans.

**Avez-vous des questions ? Oui vous en avez !**

Ayez toujours des questions à la fin.

Poser des questions fait partie des épreuves d'évaluation d'un entretien. C'est un moyen supplémentaire de renforcer une vision positive auprès du recruteur. Vous pouvez montrer que vous vous posez des questions de réflexion sur le métier, que vous vous souciez de la culture de l'entreprise et surtout que vous êtes intéressés.

Les bonnes questions donnent également à l'interlocuteur l'occasion de parler davantage de lui-même, ce qui est très bien pour le déroulement de l'entretien. Mieux encore, elles le mettent dans une position où il essaie de vous vendre l'entreprise. Plus il consacre de temps à vous, plus il aura l'impression que vous faites déjà partie de son équipe.

Voici quelques questions que j'aime poser :

– À votre avis, comment va évoluer le métier dans les 5 prochaines années ?

– Qu'est-ce que vous aimez dans l'entreprise ?

– Qu'est-ce que vous aimez moins dans l'entreprise ? Pourrait être amélioré ?

– Comment voyez-vous mon premier mois par rapport à mon sixième mois ?

– Avez-vous des hésitations quant à la raison pour laquelle je ne suis peut-être pas la bonne personne ?

---

[3] Diplôme d'Expertise Comptable
[4] Chartered Financial Analyst

Ce dernier point peut sembler gênant, mais la discussion qu'il suscite est un excellent moyen d'aborder de front les questions qu'ils pourraient se poser au sujet de votre embauche. Vous pourrez lever les potentiels doutes qu'il peut y avoir.

**Recommandations**

Ce sont les questions les plus importantes que l'on puisse vous poser. Préparez-vous également à parler de la façon dont vous gérez le stress, les délais et comment vous gérez vos priorités. On vous demandera peut-être de parler du travail en équipe, de vos compétences en matière de leadership, de vos aptitudes à la communication et de votre participation à des associations. Chaque entreprise a sa propre culture, et les questions seront légèrement différentes en fonction de ce qu'elles recherchent.

La période des entretiens est une période stressante pour tout le monde. Habituellement, les entretiens de chaque entreprise sont programmés sur des jours consécutifs au cours d'une semaine.

Lorsque j'étais à Paris Dauphine, j'avais des entretiens programmés sur une semaine, à raison d'un ou deux par jour. En fin de compte, ce qui m'a permis de passer cette semaine, c'est ma préparation des semaines précédentes. J'avais préparé des réponses aux questions d'entretien les plus courantes et je les avais répétées par moi-même.

Je recommande de passer au moins deux entretiens d'entraînement avec un ami pour voir comment vous paraissez lors d'un entretien. J'ai reçu des commentaires précieux lors de ces séances d'entraînement. Par exemple, on m'a indiqué que je devais paraître plus enthousiaste dans mes réponses.

Un autre conseil tiré de mon expérience des entretiens : j'ai constaté que les entreprises posent rarement des questions spécifiques et complexes sur la comptabilité ou la finance. On ne vous interrogera que sur des questions comptables basiques telles que la comptabilisation des écritures de fin d'année (FNP, CCA, FAE, etc.). La majeure partie de l'entretien porte plutôt sur des questions comportementales qui mettent en lumière votre personnalité et votre capacité à travailler avec les autres.

De plus en plus, les cabinets en France utilisent des tests de logique mathématique dans le système de présélection. Entrainez-vous aux calculs mentaux. Des sites internet proposent des entrainements.

### Comment être parfait en entretien vidéo

La démocratisation de l'entretien vidéo est apparue durant la pandémie du Covid-19. L'entretien vidéo change la norme et change les règles. Les premières secondes sont encore plus primordiales. Ne pas être prêt techniquement, ne pas avoir une bonne lumière, une caméra qui pixélise peut vraiment faire changer le résultat de l'entretien. N'ayez crainte, cela est une opportunité pour vous, car vous pouvez contrôler chacun des détails que voit la personne en face de vous. Vous pouvez tester que tout fonctionne quelques minutes avant l'entretien et cela vous rassurera.

### Choisissez une bonne lumière

1. La lumière naturelle est le mieux. Si vous pouvez avoir votre bureau en face d'une fenêtre, c'est le mieux. Votre visage doit être en direction de la fenêtre, si vous faites l'inverse vous serez en contre-jour et vous serez entièrement assombri.

2. Un éclairage artificiel. L'idéal serait d'avoir une lumière qui éclaire votre visage. Une lampe de bureau par exemple. Le mieux serait de positionner la lampe en direction du mur en face de vous afin que la lumière rebondisse sur votre visage (la lumière doit être assez puissante). J'utilisais personnellement 1 ou 2 téléphones qui éclairaient mon visage. Voyez ce qui fonctionne le mieux pour vous. Un bon éclairage fera une énorme différence sur la première impression que vous donnez.

### Votre caméra doit être au niveau des yeux

Le meilleur angle pour une caméra est en face des yeux. Évitons les angles qui ne nous mettent pas en valeur comme un ordinateur trop bas pointant directement sur nos narines. Pour élever votre ordinateur, positionnez de gros livres ou des boîtes à chaussures par exemple. La distance idéale est à un bras de votre visage. Si vous utilisez votre téléphone portable, c'est la même chose. Positionnezle à hauteur des yeux.

### L'arrière-plan

L'arrière-plan doit être sobre, sans trop d'objets. Un mur neutre et clair c'est très bien. Certaines aiment rajouter une petite plante. Vous pouvez également utiliser les arrière-plans proposés par les logiciels comme Zoom ou Teams.

### Souriez avant de rejoindre le meeting

Assurez-vous que vous souriez avant d'entrer dans la réunion afin que ce soit la première chose que les personnes voient. Si vous êtes le premier sur place, continuez à sourire pour être sûr que c'est la première impression que vous donnez lorsqu'ils vous rejoignent.

Le sourire donne de l'assurance et met tout le monde à l'aise.

### La technique du bloc-notes

Je vous recommande d'avoir un bloc-notes et un stylo à portée de main, afin de prendre des notes. Non seulement cela montre que vous écoutez attentivement, mais cela crée un mécanisme organique qui vous permet de faire une pause de deux secondes pendant que vous « relisez vos notes ».

# ÉTAPE 9
# CHOISIR LE BON CABINET

Si vous avez la chance de recevoir une offre de plusieurs cabinets, vous devrez prendre le temps de réfléchir à celui qui vous convient le mieux. Parfois, cette décision peut être très difficile à prendre, car certains pensent qu'ils sont tous les mêmes. Je vous propose ci-dessous quelques éléments à prendre en compte qui pourraient vous aider dans votre processus de décision :

### Quelle est l'offre que vous avez reçue ?

Vous pouvez recevoir des offres pour des postes différents. Si c'est le cas, il est plus facile de choisir, car vous saurez plus facilement distinguer quel métier vous souhaitez effectuer. Par exemple, j'avais reçu des offres en audit et en conseil, mais je souhaitais me diriger vers le conseil seulement. J'ai donc fait mon choix entre les deux cabinets qui m'avaient proposé du conseil.

### Y a-t-il un client ou un secteur en particulier avec lequel vous souhaitez travailler ?

Tous les cabinets ne travaillent pas dans tous les secteurs et, bien entendu, une entreprise en particulier est susceptible de ne travailler qu'avec l'un d'entre eux. Si vous souhaitez travailler avec un client en particulier, vous devez effectuer des recherches pour déterminer quel cabinet il utilise. Une partie des clients du cabinet se trouvent dans un rapport publié chaque année qui s'appelle le « Rapport de transparence ». C'est un document accessible gratuitement sur internet. Demandez également ce genre de détails lors de l'entretien et du processus de recrutement.

### Avec qui vous êtes-vous le mieux entendu pendant le processus de recrutement ?

Pendant le processus de recrutement, prêtez attention aux personnes que vous rencontrez et avec lesquelles vous interagissez. Demandez-vous si vous pensez pouvoir vous entendre avec eux au quotidien. Une fois que vous serez membre du cabinet, vous travaillerez de nombreuses heures avec ces personnes, il est donc important de vous assurer que vous appréciez réellement leur compagnie. Si votre personnalité ne s'accorde pas avec la leur, vous devriez éliminer ce cabinet. Par exemple, à l'époque, il y avait un des

Big 4 pour lequel je ne voulais absolument pas travailler.

### Quelle est la réputation de l'entreprise sur le marché ?

Chacun de ces cabinets a ses propres spécialités, qui peuvent varier considérablement d'un endroit à l'autre. Déterminez quels cabinets ont la meilleure réputation sur le marché sur lequel vous souhaitez travailler. Une meilleure réputation signifie que le cabinet aura un plus grand nombre de clients sur ce marché. Vous aurez ainsi plus d'opportunités.

### Quels sont les avantages offerts ?

Parfois, il s'agit de savoir qui offre les meilleurs avantages. Pensez à la quantité de vacances et de congés offerts que vous obtiendrez. Par exemple, KPMG, pour les premières années, transforme les heures supplémentaires en congés. Renseignez-vous sur les autres congés. Par exemple les congés pour examens (DSCG, DEC), pour parentalités, etc. Examinez attentivement les avantages en dehors du salaire. Quelle est l'offre de sport ? L'offre d'aide pour le télétravail ? Quel est le programme d'intéressement du cabinet ?

Examinez également les autres avantages. Vous devrez peut-être parcourir de longues distances en voiture ; qu'offre l'entreprise pour compenser ce coût ? Une formation est-elle facilement accessible ? Y a-t-il des activités/séminaires réguliers qui vous permettent de nouer des contacts ?

Ces avantages ne sont peut-être pas prioritaires, mais si le choix est serré, ils peuvent faire pencher la balance d'un côté ou de l'autre.

Une fois que vous avez décidé de l'offre à accepter, il est temps de vous préparer pour votre stage ou votre premier emploi.

Après mon processus de recrutement à Paris Dauphine, j'ai finalement dû choisir entre les offres reçues. Ce fut une décision difficile, mais trois éléments ont fait pencher la balance en faveur du cabinet que j'ai choisi. Premièrement, l'offre, sur le plan travail, était plus intéressante dans le cabinet que j'ai choisi. On m'offrait la possibilité de faire à la fois de l'audit et du conseil. Aucun autre cabinet n'avait cette proposition. Deuxièmement, l'ensemble des personnes que j'ai rencontrées lors de ma visite au cabinet étaient formidables, et je me sentais à l'aise. Je pouvais m'imaginer travailler avec eux. Troisièmement, le cabinet que j'ai choisi offrait une bonne possibilité d'évolution. Je me suis rendu compte que certains arrivaient à jumper et que le travail était donc mieux valorisé. Ces deux éléments combinés ont rendu ma décision très facile et je ne la regrette pas du tout. Quelle que soit votre décision, une fois qu'elle est prise il ne faut pas regarder en arrière et maximiser son expérience.

# ÉTAPE 10
# RÉUSSIR SES PREMIERS MOIS DANS LE CABINET

Super. Vous avez le stage/offre d'emploi et vous pensez pouvoir passer les 3 ou 6 prochains mois sans problème et recevoir une offre d'emploi ou valider votre période d'essai. Pas exactement...

Considérez le stage comme un long entretien. Pendant toute la durée du stage, l'entreprise évaluera vos compétences et votre capacité à vous intégrer. Elle examinera vos habitudes de travail, votre personnalité, vos compétences en matière de leadership, votre capacité à gérer le stress, votre capacité à établir des priorités, votre façon de travailler avec les autres, votre façon de gérer les situations difficiles et votre compréhension des concepts comptables et financiers.

Les Big 4 n'engagent que les meilleurs. Cependant, ils n'attendent pas de fortes compétences techniques de leurs stagiaires et juniors lorsqu'ils commencent. Tout ce qu'ils attendent de vous, c'est une manière d'être. Tout le reste, des connaissances comptables aux compétences informatiques nécessaires, vous l'apprendrez en cours de route.

Le stage dure généralement entre 3 et 6 mois. La période d'essai est généralement de 3 mois et la norme est de la renouveler. Les deux périodes pour commencer sont généralement fin septembre et début janvier.

La session de septembre pour 6 mois de stage est intéressante, car elle permet d'arriver un peu avant la haute saison (à partir de janvier) et ainsi avoir l'opportunité de s'initier à ce qui sera demandé en janvier.

En tant que nouvel arrivant, vous serez affecté à plusieurs missions d'audit (ou de conseils) différentes afin d'être confronté à divers clients et salariés du cabinet. Vous serez évalué individuellement pour chaque mission. Ces évaluations permettront de déterminer si vous recevrez une offre d'emploi à la fin de votre stage ou détermineront votre augmentation de salaire si vous êtes déjà embauché. Voici quelques conseils pour réussir chaque mission :

– Demandez au sénior ce qu'il attend de vous pour la mission. Posez des questions pour clarifier ce qui est demandé si nécessaire.

– Déterminez comment votre équipe préfère communiquer. Par exemple, par mail, par téléphone ou en personne, et utilisez cette méthode.

– Acceptez toutes les missions avec le sourire.

– Faites TOUJOURS de votre mieux, même si la tâche semble insignifiante ou sans importance. Généralement, les premières tâches sont les plus fastidieuses et permettent de vous tester. Un stagiaire grincheux ne sera pas embauché.

– Ne vous plaignez pas du travail qui vous est confié. Encore une fois, l'attitude est importante.

– Posez des questions si quelque chose n'est pas clair et si vous avez un doute.

– Demandez si vous pouvez aider. Si vous proposez votre aide, on vous donnera surement des parties encore plus intéressantes.

– Prenez des notes lorsqu'on vous donne des instructions afin de savoir ce que l'on attend de vous. Les gens n'aiment pas répéter deux fois. Il est accepté de commettre une erreur, mais la faire plusieurs fois sera mal vu.

– Essayez de toujours venir avec une ou plusieurs propositions de solutions lorsque vous rencontrez un problème. Lorsque vous bloquez, pensez à une ou deux solutions que vous soumettez à votre sénior. Si le problème est trop gros et que vous ne trouvez pas d'idée, il faut bien entendu en parler au sénior. Un des objectifs du manager est d'écouter les problèmes.[5]

Si vous suivez ces conseils, on se souviendra de vous comme d'une personne énergique, enthousiaste, bienveillante et d'un excellent membre de l'équipe. C'est ce que le cabinet recherche.

Vous aurez également d'autres occasions, en dehors de vos missions, d'impressionner les gens du cabinet pendant votre stage. Il y aura des occasions où le groupe ira déjeuner ou organisera des activités sociales comme des afterworks. Ce sont d'excellentes

---

[5] Bill Gates, indique dans son livre "Business at the Speed of Though" que sa tâche la plus importante en tant que CEO est d'écouter les problèmes.

occasions d'apprendre à connaître votre équipe. C'est le moment de leur montrer que vous avez l'esprit d'équipe et que vous pouvez interagir avec les autres dans diverses situations. Profitez-en et n'oubliez pas de suivre les mêmes règles que lors des événements de rencontre des Bigs 4. Il suffit d'un seul échec pour vous empêcher d'obtenir une offre d'emploi. Il arrive que certaines personnes boivent trop ou se comportent mal. Ne soyez pas cette personne !

Il peut également y avoir des événements spécifiques aux stagiaires/jeunes entrants où vous avez la possibilité d'interagir avec d'autres stagiaires et d'autres membres du cabinet qui ne font pas partie de votre équipe. Là encore, suivez les règles relatives aux événements sociaux évoqués plus haut.

Lorsque vous serez au travail, il y a des choses à faire et à ne pas faire :

– Ne passez pas beaucoup de temps sur votre téléphone. Si vous n'avez rien à faire, demandez aux membres de l'équipe si vous pouvez faire quelque chose pour les aider. Le cabinet suit peut-être l'utilisation des ordinateurs et il est peu probable qu'il engage quelqu'un qui passe toute la journée sur Facebook.

Si l'on vous demande de faire des heures supplémentaires pour terminer un dossier dans les temps, il est préférable de les faires. Cela montre que vous avez un esprit d'équipe.

– Demandez à votre supérieur s'il a besoin de quelque chose d'autre de votre part avant de partir le soir. Vous devriez attendre qu'il vous libère, mais si on vous a confié une tâche et que vous la terminez, n'hésitez pas à en demander davantage.

– Soyez à l'heure chaque jour et à chaque réunion. Cela montre que vous savez combien le temps du client est important et que vous êtes fiable.

– Il se peut que vous soyez double staffé. Dans ce cas, la pire des choses est de ne rien dire et d'essayer de tout faire sur les deux missions. Très souvent vous n'arriverez pas à effectuer un travail satisfaisant. Dans ce cas, il faut contacter le plus tôt possible les deux managers de la mission en les mettant en copie dans un mail et leur expliquer que vous êtes sur les deux missions à la fois. Les deux managers géreront entre eux sur quelle mission vous travaillerez.

J'ai considéré ce stage comme une chance de briller et de prouver à l'entreprise qu'elle avait pris une bonne décision en m'embauchant. J'ai franchi la porte avec la volonté de faire tout ce qu'on me demandait, quoi qu'il arrive, et j'ai toujours fait en sorte d'avoir le sourire aux lèvres.

Au cours de mon stage, j'ai travaillé pour plusieurs clients très différents : une filiale américaine d'une société de construction du CAC40, une société de production de média, de diffusion de média, une licorne SaaS et bien d'autres... Chacun de ces clients m'a permis d'être exposé à des compétences distinctes. Je vous conseille d'essayer de travailler sur plusieurs clients (mais pas trop) pendant votre stage afin de voir dans quels secteurs vous aimeriez travailler lorsque vous commencerez à travailler en CDI. En général, les cabinets le font automatiquement pour vous, mais si ce n'est pas le cas, il suffit de le demander aux RH, qui répondront à votre demande la plupart du temps.

En utilisant les conseils indiqués dans ce chapitre, j'ai pu obtenir la meilleure note qu'un stagiaire puisse recevoir lors de plusieurs de mes missions. Cela m'a permis ensuite de « jumper » (sauter un grade).

En faisant tout cela, j'ai gagné la confiance et le respect de mes séniors/managers, ce qui m'a valu une excellente évaluation.

Si vous suivez ces conseils, vous avez de bonnes chances de recevoir de bonnes évaluations, qui déboucheront probablement sur une offre d'emploi ou la validation de votre période d'essai. Si vous recevez une mauvaise évaluation, assurez-vous d'en parler au responsable et de discuter de la manière dont vous pouvez vous améliorer à l'avenir. Une mauvaise évaluation ne va pas ruiner vos chances d'être embauché si vous faites preuve d'amélioration pendant le reste de votre stage. Cela prouve que vous êtes capable de faire des changements et d'accepter les commentaires.

Le dernier jour du stage, on vous dira si vous recevrez ou non une offre à temps plein. Chaque stagiaire se verra attribuer un créneau d'entretien au cours duquel il rencontrera un associé pour discuter du stage. Si vous suivez les conseils que je vous ai donnés dans ce guide, je suis certain que vous recevrez une offre.

Lorsque vous recevrez cette nouvelle, sautez de joie !

Votre carrière est prête à décoller. Tout ce dur labeur en valait la peine. Sortez fêter cela avec vos amis et votre famille et soyez fier de ce que vous avez accompli.

LE GUIDE DES BIG 4 – Vue de l'intérieur

# BONUS

Voici quelques pages bonus dont l'objectif est de vous aider dans l'obtention d'une offre dans un Big.

# LE GUIDE DES BIG 4 – Vue de l'intérieur

## 32 fonctions pour améliorer son efficacité

| FONCTION | EN ANGLAIS | DESCRIPTION |
|---|---|---|
| JOURS | DAYS | Renvoie le nombre de jours entre deux dates |
| NB.JOURS.OUVRES | NETWORKDAYS | Renvoie le nombre de jours ouvrables entiers entre deux dates |
| ESTVIDE | ISBLANK | Retourne VRAI si la valeur est vide |
| SI | IF | Indique un test logique à effectuer |
| SIERREUR | IFERROR | Retourne la valeur que vous spécifiez si une formule entraîne une erreur ; sinon, retourne le résultat de la formule |
| INDEX | INDEX | Utilise un index pour choisir une valeur à partir d'une référence ou d'un tableau |
| EQUIV | MATCH | Recherche de valeurs dans une référence ou un tableau |
| RECHERCHEV | VLOOKUP | Regarde dans la première colonne d'un tableau et se déplace à travers la ligne pour retourner la valeur d'une cellule |
| RECHERCHEX | XLOOKUP | Recherche des valeurs dans un tableau et renvoie la valeur d'une cellule |
| ALEA | RAND | Renvoie un nombre aléatoire entre 0 et 1 |
| SOMME | SUM | Faire une somme entre plusieurs cellules |
| SOMME.SI | SUMIF | Faire une somme entre plusieurs cellules en fonction d'un critère |
| SOMME.SI.ENS | SUMIFS | Faire une somme entre plusieurs cellules en fonction de plusieurs critères |
| SOMMEPROD | SUMPRODUCT | Effectue la somme de produits ligne à ligne des cellules sélectionnées |
| MOYENNE | AVERAGE | Renvoi la moyenne |
| NB | COUNT | Compte le nombre de cellules qui se trouvent dans la liste sélectionnée |
| NB.SI | COUNTIF | Compte le nombre de cellules qui se trouvent dans la liste sélectionnée en fonction des critères spécifiés |
| MAX | MAX | Renvoie la plus grande valeur dans la liste sélectionnée |
| MIN | MIN | Renvoie la plus petite valeur dans la liste sélectionnée |
| FIN.MOIS | DATEDIF | Permets de calculer la différence entre deux dates |
| TRANSPOSE | TRANSPOSE | Passer une sélection de données présentées en ligne en colonne et inversement |
| DECALER | OFFSET | A partir d'une cellule donnée, permets de se déplacer d'un nombre de ligne et colonnes définies |

## Mes fonctions textes favorites sur Excel

| FONCTION | EN ANGLAIS | DESCRIPTION |
|---|---|---|
| CONCATENER | CONCATENATE | Regroupe plusieurs éléments de texte en un seul élément |
| DROITE | RIGHT | Retourne les caractères les plus à droite du texte |
| GAUCHE | LEFT | Retourne les caractères les plus à gauche du texte |
| STXT | MID | Retourne un nombre précis de caractères commençant par la position que vous indiquez |
| NBCAR | LEN | Renvoie le nombre de caractères contenus dans une cellule |
| MAJUSCULE | UPPER | Convertis le texte en majuscules |
| MINUSCULE | LOWER | Convertis le texte en minuscule |
| NOMPROPRE | PROPER | Mets en majuscule la première lettre de chaque mot du texte |
| SUPPRESPACE | TRIM | Supprime les espaces dans le texte |
| EXACT | EXACT | Vérifie si deux valeurs de texte sont identiques |

## Extrait de présentation pour répondre à la question « présentez-vous »

Bonjour, je m'appelle Yoan, Yoan Jeusselin et je suis un grand passionné de sport [1]. J'ai également un attrait prononcé pour les chiffres. C'est notamment pour cela que je me suis spécialisé dans la comptabilité et la finance durant mes études.

Mes études ont commencé par un BTS en comptabilité à Saint-Brieuc, une licence de Gestion à l'IAE de Poitiers, un Master 1 Finance international en Angleterre et un Master 2 Finance à l'Université Paris Dauphine. [2]

Mon parcours est ponctué d'expériences professionnelles telles que des jobs étudiants à l'usine ou en restauration rapide, des stages à l'étranger, mais aussi des expériences au sein de grands groupes internationaux ou dans des cabinets d'audit et de conseils [3]

Notes :
[1] Faire une petite pause. 90% du temps, le recruteur ne s'attendait pas à cela. Cela attire son attention. Cela renforce le fait qu'en dehors

d'être un simple CV, vous êtes également une personne

[2] Ici, il est possible de rajouter du détail sur lequel vous souhaitez être interrogés. (Exemple, « et un Master 2 finance à l'Université Paris Dauphine où j'ai étudié plusieurs méthodes d'évaluation des entreprises ». Cela donne la possibilité au recruteur de vous demander « lesquelles ? » et si vous êtes préparés, tant mieux !)

[3] pour une présentation succincte, il n'y a pas besoin de rentrer dans le détail, car le détail se trouve sur le CV.

## Se présenter en 5 min

Bonjour, je m'appelle Yoan, Yoan Jeusselin et je suis un grand passionné de sport. J'ai également un attrait prononcé pour les chiffres. C'est notamment pour cela que je me suis spécialisé dans la comptabilité et la finance durant mes études. Si je me suis spécialisé dans ce domaine c'est parce que j'ai commencé mes études par un BTS Comptabilité et Gestion et je me suis dit que je ne voulais pas être comptable toute ma vie, que je souhaitais avoir un poste de pilotage et que j'avais besoin de compétences complémentaires en termes de management ou de comptabilité avancée. Je me suis donc orienté vers un DEUG économie gestion puis une Licence 3 de Gestion à l'IAE de Poitiers qui est un IAE axé sur l'internationale. J'en ai profité pour développer mes compétences de leadership en parallèle de mes études en fondant avec d'autres étudiants une start-up. Ce fut une expérience très enrichissante. Durant cette année de licence j'ai effectué un stage en Irlande auprès du directeur financier d'une start-up, A la suite de la licence j'ai été sélectionné par mon université pour effectuer mon Master 1 Finance en Angleterre au sein d'Henley Business School qui fut une année inoubliable. A ce moment-là j'ai décidé de partir en césure, premièrement pour développer mes compétences professionnelles et découvrir le contrôle de gestion puis l'audit et dans un second temps dans le but d'intégrer le Master 229. Ce premier stage m'a permis de travailler avec des personnes ayant de fortes responsabilités et de travailler avec des dates butoirs pour remonter les résultats financiers chaque mois et à chaque trimestre. Le second stage était orienté sur l'audit qui est le métier que je trouve le plus passionnant à l'heure actuelle, de par la multitude de sociétés et de secteurs audités, mais aussi par l'environnement de travail composé de personnes talentueuses qui aident à se développer.

A côté de cela, je suis impliqué bénévolement dans différents projets tels que l'association de l'étudiant de Tours en tant que trésorier ou en tant que bénévole pour TedX Saint-Brieuc. Je pratique en tant que novice la guitare et je pratique le basketball avec des amis.

Ainsi, j'ai choisi d'intégrer le Master 229 car c'est le seul master ayant des partenariats aussi poussés avec les cabinets internationaux (présentation, échanges, débat, entretiens, intégration). C'est aussi par la formation assez technique et solide. Les professeurs sont majoritairement des PDG, DAF, Associés ou Senior Manager, membres du H3C... Le master correspond parfaitement à ceux qui se dirigent vers une carrière en audit externe grands comptes, et j'ai pour objectif d'intégrer Mazars à Paris en me spécialisant sur le secteur de la technologie.

# LE GUIDE DES BIG 4 – Vue de l'intérieur

## Le CV avec lequel j'ai obtenu un entretien dans chacun des Bigs 4

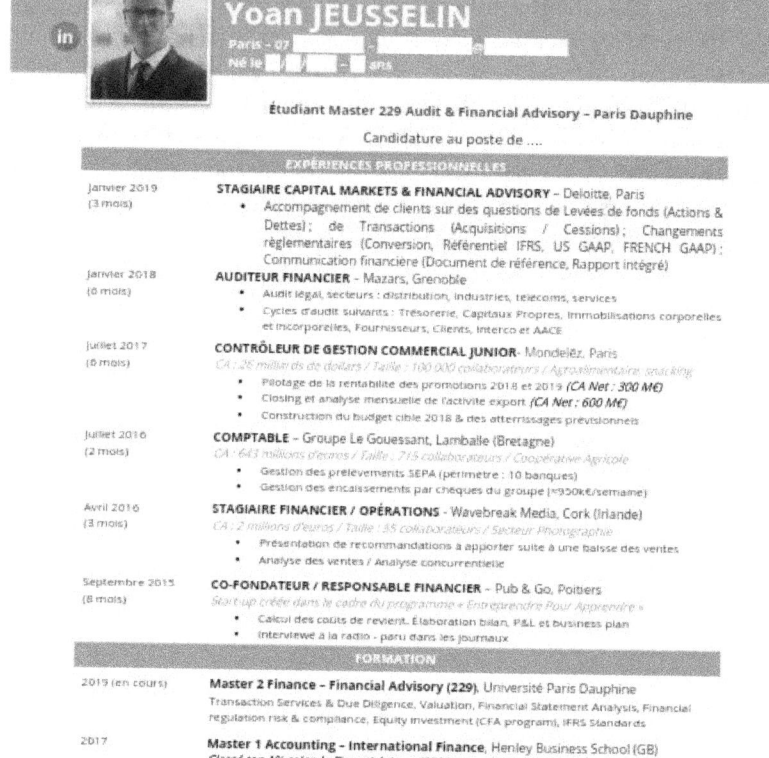

**Exemple de lettre de motivation**

Voici un l'exemple d'une lettre de motivation envoyée lorsque je postulais en TS (Transaction Services) qui est un métier de la branche conseil.

Objet : Candidature pour un poste de Stagiaire TS

Madame, Monsieur,

Actuellement en dernière année de Master Finance, parcours Audit & Financial Advisory (229), à l'université Paris-Dauphine, je suis particulièrement intéressé par un poste de Stagiaire Analyste en Transaction que vous cherchez à pourvoir. Je suis disponible à partir de janvier 2019. Les problématiques financières des entreprises lors d'acquisition ou de cession m'intéressent particulièrement et intégrer Deloitte en stage de fin d'études est une étape importante dans la carrière professionnelle que j'envisage.
La découverte de la culture anglo-saxonne lors de mon année d'étude en Angleterre et de mon stage en Irlande m'a permis de développer une grande adaptabilité et autonomie face à de nouvelles situations. En explorant ma passion pour la comptabilité et la finance durant mes années d'études, j'ai gardé un fort intérêt pour découvrir et travailler au sein de structures aux tailles et secteurs variés. En effet, j'ai découvert la finance via des petites entreprises, start-up, mais aussi via des groupes internationaux. En parallèle de mes études, j'occupe le poste de trésorier de l'association l'Étudiant de Tours et je développe actuellement un projet de création d'association étudiante sur la Blockchain. Je souhaite en intégrant Deloitte mettre à profit ma pro activité au sein d'un cabinet avec des méthodes de travail rigoureuses et offrant des opportunités ainsi qu'un cadre propice à un fort développement.

Par-dessous tout, j'aime pratiquer et développer mes compétences, c'est pourquoi j'ai participé à plusieurs cours additionnels, enseignés par PwC USA. Ils me permettent d'accroître ma capacité à inspecter, nettoyer et modéliser des données sur Excel. Ces cours m'ont permis d'être plus efficace et d'aider un grand nombre de collaborateurs lors de mes stages. De plus, mes cours suivis : Transaction Services (préparation d'un rapport due diligence) ou les matières de finance telles que Equity Investment et Financial Statement Analysis me permettent d'appréhender les enjeux d'acquisition, cession ou restructuration des entreprises. Finalement, ma curiosité naturelle et mon implication dans plusieurs projets simultanément, apporteront l'énergie et l'ouverture d'esprit nécessaires pour un tel stage.

Je suis très enthousiaste à propos de cette opportunité et je me tiens à votre disposition pour vous rencontrer et approfondir tout point que vous jugerez utile.

Je vous prie d'agréer, Madame, Monsieur, mes salutations distinguées.

## À PROPOS DE L'AUTEUR

En tant qu'ancien consultant et auditeur chez Deloitte, recruteur et ambassadeur campus, Yoan Jeusselin a contribué à l'obtention d'offres pour de nombreuses personnes. Lorsqu'il était candidat, il a passé plusieurs dizaines d'entretiens et obtenu des offres de Deloitte, PwC, EY, KPMG et Mazars.

Yoan a partagé du contenu pour les étudiants souhaitant intégrer un Big sur LinkedIn totalisant plus de 225 000 vues en seulement 6 mois.

www.ingramcontent.com/pod-product-compliance
Lightning Source LLC
Chambersburg PA
CBHW070422240526
45472CB00020B/1145